正義란 무엇인가

한스 켈젠 저

김 선 복 역

WAS IST GERECHTIGKEIT

HANS KELSEN

머리말

  한스 켈젠은 1881년 10월 체코의 프리하에서 태어나 오스트리아에서 성장하였으며 1906년 오스트리아 빈대학교(Wien) 법과대학에 입학하여 그곳에서 법학박사 학위를 취득하였다. 1911년 빈대학에 강사로 시작하여 1919년에는 정교수로 임명되었고 법철학과 공법학을 담당하였다. 켈젠은 오스트리아 헌법재판소재판관을 겸임하였지만, 1930년 헌법재판소 재판관에서 면직되자 빈을 떠나 쾰른 대학교 법과대학으로 옮겨 국제법을 강의 하였다. 1933년 유태인인 켈젠은 나치정권에 의해 쾰른대학교 교수직에서 파면되었고 스위스 제네바대학, 프라하의 유태인대학을 거쳐 1940년 미국으로 망명하였다. 먼저 1940년부터 1942년까지 하버드대학에서, 그 다음 캘리포니아 대학 정치학과에서 강사로 강의하다가 1945년부터 1952년 정년퇴임까지 버클리의 캘리포니아 대학에서 정교수로 정치학을 담당하였다. 그는 1973년 4월 19일 향년 92세를 일기로 타계하였다. 그의 논문과 저서는 모두 600개를 넘고 11개 대학에서 명예학위를 수여받았다.

  그의 대표적인 저서는 국가법이론의 주요문제(Hauptproblem der Staatsrechtslehre, 1911), 법학적 방법과 사회학적 방법의 한계에 관하여(Über Grenzen zwischen Juristischer und Soziologischer Methode, 1911), 주권의 문제와 국제법의 이론 (Das Problem der Souveränität und die Theorie des Völkerrechts, 1920), 민주주의 본질과 가치 (Vom Wesen und Wert der Demokratie, 1920), 사회주의와 국가: 마르크스

의 정치이론의 연구(Sozialismus und Staat, Eine Untersuchung der politischen Theorie des Marxismus, 1920), 사회학적 및 법학적 국가개념(Der soziologische und juristische Staatsbegriff, 1922), 일반국가(Allgemeine Staatslehre, 1925), 자연법과 법실증주의의 철학적 기초(Der philosophischen Grundlagen der Naturrechtslehre und Rechtspositivismus, 1928), 순수법이론(Reine Rechtslehre, 1934), 법과 국가의 일반이론 (General Theory of Law and State, 1946).

역자가 번역한 "정의란 무엇인가? (Was ist Gerechtigkeit?)" 라는 논문은 그가 대학을 떠난 후 학문적 활동을 계속하면서 1957년에 작성한 것이다. 그는 정의가 무엇인지를 물었지만 사실 절대적 정의를 정의(定義)하지 못했다. 그래서 그는 상대적 정의로 만족하여야만 하고 그에게 있어서 정의가 무엇인지만을 말할 수 있었다. 그에 의하면 정의란 자유의 정의, 평화의 정의, 민주주의의 정의, 관용의 정의를 말한다.

역자는 스위스 취리히대학 유학시절 법철학에 관심이 있어서 공부하던 중 켈젠의 순수법론(Reine Rechtslehre)과 정의란 무엇인가(Was ist Gerechhtigkeit?)를 읽고 상당한 감명을 받았다. 귀국하여 대학에서 법철학을 강의하면서 켈젠의 주옥같은 저서와 논문을 다시 보면서 학부와 대학원생들이 쉽게 접근할 수 있도록 번역을 시작하여 오늘에 이르렀다. 이 역서를 한스 켈젠 교수에게 바친다.

2009. 12. 20

역자

• • 차례 • •

정의란

  나사렛 예수가 로마총독의 심문 시 유대인의 왕이라는 것을 고백하면서 "나는 진리를 증명하기 위해 태어나서 이 세계에 왔다"라고 말하였다. 그러자 본디오 빌라도(Philatus)가 물었다: "그러면 진리란 무엇인가?" 회의적인 로마인들은 이러한 질문에 대해 그 어떤 대답을 기대하지 않았던 것 같고 성인도 대답하지 않았다. 왜냐하면 진리를 증명하는 것이 구세주인 그를 파견한 중요한 이유가 아니기 때문이다. 예수는 정의, 즉 그가 하나님 나라에서 이루려고 했던 정의를 증명하기 위해 태어났다. 따라서 그는 이 정의를 위하여 십자가에 못 박혀 죽은 것이다.

  빌라도의 "진리란 무엇인가"라는 질문에 이어서 십자가의 보혈로부터 다른 질문, 아주 더 강력한 질문, 인류의 영원한 질문이 제기된다. 즉, "정의란 무엇인가?"가 바로 그것이다. 어떤 다른 질문도 이처럼 열정적으로 논의되지 않았고, 어떤 다른 질문을 위해서도 그렇게 많은 귀중한 피와 통렬한 눈물을 흘리지 않았으며, 어떤 다른 질문에 대해서도 가장 위대한 사상가들이 – 플라톤에서부터 칸트까지 – 그처럼 아주 골똘히 생각하지 않았다. 그러나 어느 때와 마찬가지로 오늘날 이 질문에 대답하지 않고 있다. 그것은 아마 인간은 결코 확실하게 대답할 수 없고, 오히려 좀 더 나은 질문을 모색할 수 있을 뿐이라는 체념적인 지혜가 필요한 그러한 질문 중 하나이기 때문이다.

I. 이익 또는 가치충돌의 해결문제로서의 정의

1. 정의와 행복

정의는 우선 사회질서의 가능한, 그러나 꼭 필요하지 않은 특성이다. 단지 부차적으로 인간의 덕성일 뿐이다. 왜냐하면 인간은 그의 행위가 정당하다고 간주되는 질서와 부합할 때에 정당하기 때문이다. 그러면 질서가 정당하다는 것은 무엇을 의미하는가? 이러한 질서는 모든 사람들이 그들 사이에서 그들의 행복을 발견하게끔 모두를 만족시키는 방법으로 인간의 행위를 규율한다. 정의에 대한 동경은 인간의 행복에 대한 영원한 동경이다. 인간은 소외된 개인으로서 이러한 행복을 발견할 수 없기 때문에 이를 사회에서 찾는다. 정의란 사회적 행복이고 사회질서가 보장하는 행복이다. 이러한 의미에서 플라톤이 정당한 것만이 행복하고 정당하지 않은 것은 불행하다고 주장한다면 그는 정의를 행복과 동일시하고 있는 것이다. 추측건대 정의가 행복이라는 주장으로 그 질문에 아직 대답한 것이 아니라, 그에 대한 대답을 미룬 것뿐이다. 왜냐하면 지금 "행복이란 무엇인가"라는 질문이 제기되기 때문이다.

2. 한사람의 행복은 다른 사람의 불행

단어의 본래 의미에 따라 행복이란 주관적 감정, 즉 누구나 스스로 이해하는 것을 의미한다면 모든 사람들의 행복을 보장하는 정당한 질서가 있을 수 없다는 것은 명백하다. 그 이유는 한 사람의 행복과 다른 사람의 행복이 상충하는 것은 불가피하기 때문이다.

하나의 예: 사랑은 행복과 불행의 가장 중요한 원천이다. 두 남자가 한 여자를 사랑하고 있고 – 옳든 그르든 – 두 사람이 이 여자를 혼자 차지하지 않으면 행복할 수 없을 것이라고 믿는다고 가정해 보자. 법률과 그들 자신의 감정에 따르면 이 여자는 오직 한 남자의 것일 뿐이다. 한 사람의 행복은 필연적으로 다른 사람의 불행이 된다. 어떤 사회질서도 이러한 문제를 공평한 방법으로, 즉 두 남자가 행복해지는 것으로 해결할 수 없다. 현명한 솔로몬왕의 그 유명한 판결도 마찬가지다. 알려진 바와 같이 솔로몬왕은 두 여자가 자기 자식이라고 주장하는 한 아이를 이등분할 것을 결정하였지만 그 아이를 그의 생명을 구하기 위해 자신의 요구를 철회할 여자에게 넘겨줄 마음이었다. 왜냐하면 이로써 –왕은 그렇게 가정하였다– 이 여자가 아이를 진정으로 사랑한다는 것을 증명할 것이기 때문이다. 솔로몬왕의 판결은 요컨대 두 여자 중 한 사람만이 아이를 사랑하고 있다는 조건 하에서만 정당하다. 두 여자 모두 아이를 사랑하고 있고 – 이는 두 여자가 한 아이를 데려가길 원하므로 가능

하고 더구나 개연적인 것이다 두 사람이 그들의 요구를 철회한다면 분쟁은 해결되지 않은 채로 남아 있게 된다. 그러나 결국 아이가 판결로 한 당사자에게 주어진다면 그 판결은 분명히 공정하지 못하다. 왜냐하면 그것은 다른 당사자를 불행하게 만들기 때문이다. 우리의 행복은 흔히 사회질서가 보장할 수 없는 욕구의 충족에 달려있다.

다른 예: 군대의 지휘관이 임명되어야 한다. 두 사람이 경쟁하고 있다. 그러나 한 사람만 임명될 수 있다. 군대에 적합한 사람이 임명되는 것이 당연할 것이다. 그러면 두 사람이 똑같이 적임자이면 어떻게 할 것인가? 그럴 때에 정당한 해법은 있을 수 없다. 한 사람은 작고 신통치 않은 외모를 가지고 있는 반면, 다른 사람은 훌륭한 몸매와 잘 생긴 얼굴을 가지고 있고 그래서 강한 성격의 인상을 주기 때문에 적합한 것으로 간주된다고 가정하여 보자. 후자가 그 자리를 얻는다면 전자는 그 결정을 전혀 정당한 것으로 생각하지 않을 것이다. 그는 "나는 왜 다른 사람처럼 훌륭하게 보이지 않을까? 자연은 왜 나의 신체를 매력 없게 만들었을까?" 라고 말할 것이다. 사실 우리가 정의의 관점에서 판단한다면 자연은 공정하지 않다는 것을 인정해야 한다. 그는 한 사람은 건강하게, 그리고 다른 사람은 병들게 만들고, 한 사람은 영리하게, 그리고 다른 사람은 바보스럽게 만든다. 사회질서는 자연의 부당함을 완전히 제거할 수 없다.

3. 최대다수의 최대행복(벤담)

정의를 행복이라고 한다면 그것이 개인의 행복만큼 많은 것을 뜻하는 한 정의의 사회질서는 불가능하다. 정의의 사회질서는 모든 사람의 개인적 행복이 아니라 최대다수의 최대행복을 이끌어 내려고 애쓴다는 가정 하에서 조차 불가능하다. 이는 영국의 철학가이며 법학자인 벤담이 내렸던 유명한 정의(正義)의 정의(定義)이다. 그러나 행복을 주관적 가치라고 이해한다면 벤담의 공식도 적용될 수 없다. 왜냐하면 서로 다른 개인들은 그들의 행복이 무엇을 의미하는지에 대해 아주 상이한 표상을 가지기 때문이다. 사회질서가 보장할 수 있는 행복은 주관적-개인적 의미가 아니라 객관적-집합적 의미로 행복이라고 할 수 있다. 다시 말하면 행복이란 어떤 욕구의 충족을 말한다. 이러한 욕구는 식량, 의복, 주거 등에 대한 욕구와 같이 사회적 권위, 즉 입법자에 의해 충족될 가치가 있다고 인정된 것이다. 사회적으로 인정된 욕구의 충족이 단어의 본래 의미 중 일부와 완전히 다르다는 것은 의심할 수 없다. 왜냐하면 사물의 가장 내재적인 본질에 따르면 이 의미는 매우 주관적 것이기 때문이다. 정의에 대한 욕구는 자기의 주관적 행복에 대한 불멸의 욕구의 표현이기 때문에 근원적이며 인간의 마음속에 깊이 뿌리박혀 있다.

4. 자유개념의 의미변화에 따른 행복개념의 의미변화

사회적 범주, 정의의 행복이 되기 위하여 행복의 이념은 급진적인 의미변화를 경험하여야 한다. 개인적이고 주관적인 행복이 사회적으로 인정되는 욕구의 충족이 되는 변형은 자유의 이념이 사회적 원칙이 되기 위하여 경험하여야 하는 변형과 같다. 자유의 이념은 여러 가지 면에서 정의의 이념과 동일시되는데, 사회질서는 개인의 자유를 보장할 때에 정당한 것으로 간주된다. 진정한 자유, 즉 모든 강제로부터의 자유, 모든 종류의 정부로부터의 자유가 모든 종류의 사회질서와 일치하지 않기 때문에 자유의 이념은 정부로부터의 자유로움이라는 소극적인 의미를 가질 수 없다. 자유의 개념은 특별한 정부형태의 의미를 인정하여야 한다. 자유는 필요하다면 지배되는 소수의 주체에 대한 다수의 지배를 의미하여야 한다. 무정부의 자유는 민주주의의 자치로 변한다. 정의이념은 동일한 과정에 의해 모든 사람들의 개별적 행복을 보장하는 원칙으로부터 특정한 이익, 즉 질서에 복종하는 다수에 의해 보호될 가치가 있는 것으로 인정되는 이익을 보호하는 사회질서로 변한다.

5. 이익 또는 가치충돌

그러면 인간의 어떤 이익들이 이러한 가치를 가지며 이 가치의 서열은 무엇인가? 이는 이익이 충돌하면 제기되는 질문이다. 그러한 이익충돌이 있는 곳에서만 정의는 문제가 된다. 이익이 충돌하지 않는 곳에서는 정의에 대한 욕구는 없다. 그러나 이익충돌은 한 이익이 다른 이익의 희생으로만 충족될 수 있거나, 아니면 같은 결과가 되지만 두 가치가 대립하면, 그리고 하나의 이익은 다른 이익이 등한시되는 정도에 따라서만 실현될 수 있고, 한 이익의 실현을 다른 이익의 실현에 우선시키고, 두 이익 중 어느 것이 더 중요하고 더 높은 가치인가, 결국 무엇이 최고의 가치인가를 결정하는 것이 불가피할 때 두 이익을 동시에 실현하는 것이 불가능하면 발생한다. 가치문제는 무엇보다도 가치충돌의 문제이다. 그리고 이러한 문제는 합리적인 인식이라는 수단으로 해결될 수 없다. 여기서 제기되는 질문에 대한 대답은 언제나 결국 감정적인 요소에 의해 정해지고 그래서 최고의 주관적인 성격을 갖는 판단이다. 다시 말하면 그것은 판단하는 주체에게만 타당하고 이러한 의미에서 상대적이다.

Ⅱ. 가치의 서열
....

6. 최고 가치로서의 개인의 생명 또는 국가의 이익

방금 언급된 것은 몇 개의 예로 설명될 수 있을지도 모른다. 특정한 도덕적 확신에 의하면 인간의 생명, 모든 개개인의 생명은 최고의 가치이다. 그러므로 이 견해에 따르면 전쟁 시에는 물론 사형의 집행 시에도 인간을 살해하는 것은 금지된다. 알려진 바와 같이 이는 병역 기피자와 사형폐지를 주장하는 자들의 견해이다. 그러나 또한 최고의 가치는 국가의 이익과 명예라고 하는 이와 대립되는, 마찬가지로 도덕적인 확신이 존재한다. 따라서 국가의 이익과 명예가 요구한다면 모든 사람들은 도덕적으로 자기의 목숨을 희생하고 전쟁에서 다른 사람을 국가의 적으로 죽일 의무를 진다. 또한 중범죄에 대해 사형을 선고하는 것은 정당화되는 것으로 생각한다. 서로 모순되는 견해에 기초하는 두 가치판단 중에서 어느 것이 옳은지를 합리적-학문적인 방법으로 결정하는 것은 불가능하다. 결국 그것은 우리의 오성이 아니라 우리의 감정, 우리의 의지이며 충돌을 해결하는 우리 의식의 감정적 요소이지, 이성적 요소가 아니다.

7. 최고 가치로서의 생명과 자유

다른 예: 탈출이 불가능한 집단 수용시설의 노예나 수용자에게 자살이 도덕적으로 허용되는가 하는 질문이 제기된다. 이러한 질문은 항상 재차 논의되었고 특히 고대의 윤리학에서 커다란 역할을 하였다. 이에 대한 대답은 두 가치, 즉 생명과 자유 중 어느 것이 더 가치 있는지에 대한 결정에 달려 있다. 생명이 더 가치가 있다면 자살은 정당화되지 않는다. 그러나 자유가 더 가치가 있고 자유 없는 생명은 가치가 없다면, 자살은 허용될 뿐만 아니라 또한 요청되기도 한다. 이는 생명과 자유의 가치서열의 문제이다. 이 질문에 대하여 주관적인 대답만이, 즉 판단하는 주체에게만 타당한 대답이 가능하다. 그것은 금속은 열을 가하면 팽창한다는 것과 같이 모든 사람들에게 타당한 확정은 아니다. 하지만 그것은 가치판단이 아니라 사실판단이다.

8. 최고 가치로서의 개인의 자유 또는 경제적 안전

소위 계획경제를 통하여 국민들의 형편이 크게 향상될 수 있고 그로 인하여 경제적 안정이 모든 사람에게 똑같이 보장되지만 그러한 조직화는 모든 개인적 자유가 박탈되거나 상당히 제한될 때에만 가능하다는 것을 증명할 수 있다고 -그것을 스스로 주장하지 않고- 가정해 보자. 계획경제를 택할 것인가에 대한 대답은 개인적 자유의 가치와 경제적 안정의 가치 중에서 어느 것을 결정할 것인가에 달려 있다. 자존심이 강한 사람은 개인적 자유를 택할 것이고, 반면 열등의식 콤플렉스에 시달리는 사람은 경제적 안정을 택할 것이다.

다시 말하면 개인적 자유가 경제적 안정 보다 더 가치가 있는지, 그렇지 않으면 경제적 안정이 개인적 자유보다 더 가치가 있는지 하는 질문에 대해 주관적 판단만이 가능하다. 금속은 물보다 더 무겁고 물은 목재보다 더 무겁다는 것 같은 객관적 판단은 불가능하다. 그러나 그것은 실험을 통하여 확인될 수 있는 사실판단이지, 그러한 확인을 허용하지 않는 가치판단이 아니다.

9. 최고 가치로서의 진실성 또는 인간성

환자를 꼼꼼하게 진찰한 후 의사는 곧 사망에 이르게 할 불치병을 확인하였다. 의사는 환자에게 사실을 말해야 하는가 또는 말해도 좋은가, 아니면 환자에게 그의 병은 치료될 수 있고 급박한 위험은 없다고 말해도 좋은가 또는 거짓말을 해야 하는가? 그 결정은 우리가 두 가치, 즉 진실성과 인간성의 관계에서 인정하는 순위에 달려 있다. 환자에게 진실을 말하는 것은 그에게 죽음에 대한 공포의 고통을 주는 것이다. 환자에게 거짓말을 하는 것은 이러한 고통을 덜어 주는 것이다. 진실의 이상이 인간성의 이상보다 우월하다면 의사는 진실을 말해야 한다. 반대로 인간성의 이상이 진실의 이상보다 우월하다면 의사는 거짓말을 하여야 한다. 그러나 양

가치 중 어느 것이 더 상위에 있는지의 질문에 대한 대답은 이성적
-과학적인 숙고의 토대위에서는 불가능하다.

10. 최고 가치로서의 진실 또는 정의

이전에 언급했던 것처럼, 플라톤은 정당한 자, 즉 그에게 있어서
는 적법하게 행하는 자, 그리고 오직 정당한 자만이 행복하고, 정
당하지 않은 자, 즉 위법하게 행하는 자는 불행하다는 견해를 피력
하였다. 그는 "가장 올바른 생활이 가장 행복한 생활이다"라고 한
다. 그럼에도 불구하고 그는 아마 어떤 경우에는 올바른 사람이 불
행하고, 부정한 사람은 행복할 수 있다는 것을 시인한다. 그러나
이 철학자는 법률에 복종하는 시민들은 올바른 자만이 행복하다는
주장의 진실을 설령 이 주장이 사실이 아닐지라도 믿는다고 덧붙인
다. 그렇지 않으면 아무도 법을 준수하지 않을 것이다. 따라서 플
라톤에 의하면 정부는 모든 선전방법을 이용하여 시민들 속에 올바
른 자만이 행복하고 부정한 자는 불행하다는 교훈을 설령 이것이
거짓말이라고 하더라도 유포시켜야 할 권리를 가지고 있다. 이것이
거짓말이라면 이는 아주 유익한 거짓말이다. 왜냐하면 이러한 거짓
말은 법률에의 복종을 보장하기 때문이다. 무엇인가에 쓸모 있는
입법자는 이보다 더 유익한 거짓말, 아니면 좀 더 효과적으로 시민
들을 자발적으로 또는 강요받지 않고 올바르게 행동하도록 유인할
수 있는 거짓말을 고안해 낼 수 있을까? 내가 입법자라면 소설가,

또한 모든 국민들에게 이런 의미로, 즉 가장 올바른 생활이 가장 행복한 생활이라는 의미로 말하도록 시킬 것이다.1) 플라톤에 의하면 정부는 이롭다고 생각하는 거짓말을 사용할 권한을 가지고 있다. 플라톤은 정의, 즉 여기서는 정부가 정의라고 여기는 것, 다시 말하면 합법성을 진실보다 우월한 것으로 본다. 그러나 우리가 진실을 정의 보다 중히 여겨 거짓말에 기인한 정부선전을 반도덕적인 것으로 거부하는 것을 금지할 충분한 이유는 존재하지 않는다. 이는 이러한 거짓말이 좋은 목적을 위한 것일지라도 마찬가지다.

11. 유심론 또는 유물론

생명과 자유, 자유와 평등, 자유와 안정, 진실과 정의, 진실성과 인간성, 개인과 국가 같은 가치서열의 질문에 대한 대답은 틀림없이 영혼구제, 즉 사망 후의 자기운명을 재물보다 더 중요하다고 보는 독실한 기독교인에게 질문하였는지 또는 영혼불멸을 믿지 않는 물질주의자에게 질문하였는지에 따라 상이한 결과가 될 것이다. 그래서 자유가 최고의 가치라는 가정 하에, 즉 자유주의의 관점에서 또는 경제적 안정이 사회질서의 최종목표라는 가정 하에, 즉 사회주의의 관점에서 대답한다면 대답은 같을 수 없다. 그 대답은 항상 주관적이고 그래서 단순히 상대적 가치판단의 성격을 갖게 될 것이다.

Ⅲ. 인간행동의 정당성문제로서의 정의

12. 특정된 사회에서의 특정된 가치의 보편적 인정

진정한 가치판단이 주관적이어서 매우 상이하고, 서로 상반되는 가치판단이 가능하다는 사실은 결코 모든 개인이 자기 자신의 가치체계를 갖는다는 것을 의미하지 않는다. 사실 많은 개인들의 가치판단은 서로 일치한다. 적극적 가치체계는 고립된 개인의 자의적인 창조가 아니라 언제나 개인들이 각 집단 내에서 -가정, 씨족, 부족, 카스트, 직업 - 그리고 특정한 경제적 조건 하에서 서로에게 미치는 상호영향의 결과이다. 각 가치체계, 특히 정의의 중심이념을 지닌 도덕질서는 사회적 현상이고 그리하여 이러한 현상이 생기는 사회의 본성에 따라 다르다. 어떤 가치가 한 특정한 사회에서 일반적으로 인정된다는 사실은 이러한 가치를 주장하는 판단의 주관적이고 상대적인 성격과 부합한다. 많은 개인들의 가치판단이 일치한다는 것은 결코 이 가치판단이 옳다는 것, 즉 객관적 의미에서 타당하다는 것을 증명하지 않는다; 많은 사람들이 태양은 지구를 돌고 있다고 믿거나 믿었다는 사실이 이 믿음이 진실에 기인한다는 것에 대한 증거가 아니었거나 아니라는 것처럼 그렇게. 진실의 기준처럼 정의의 기준은 현실판단 또는 가치판단의 횟수가 아니다. 인류문명의 역사에서 매우 빈번하게 보편적으로 인정된 가치판단은 다른, 이와 다소 상반된 그리고 그때 또한 적지 않게 보편적으로 인정된 가치판단에 의해 배제되었다. 그러나 예를 들면 국제관계와 같은 영역에서의 집단책임원칙, 그리고 종교적 신앙의 영역에서의 세습책임이 원죄 -일종의 집단책임- 로서 오늘날의 많은 사람들의 도덕적 감정과 모순되지 않을 것이고, 그래서 현대사회에서는 이와 반대되는 개인책임의 원칙이 법감정과 부합하는 반면, 원시사회에서는 집단책임이, 예를 들면 혈수(血讐: Blutrache)의 경우에 정당한 원칙으로 간주되었다. 또 장래에 -사회주의가 지배한다고 할 경우- 개인 간의 관계의 영역에서 다시 모든 종교적 표상과 무관한 집단책임이 어디에서나 도덕적인 것으로 간주되는 것은 결코 배제되지 않는다.

13. 인간의 정당성 욕구, 자기양심

도대체 무엇이 최고의 가치인가 하는 질문에 합리적으로 답변하는 것이 불가능함에도 불구하고 실제로 이러한 질문에 대답하는 주관적이고 상대적인 판단은 보통 객관적 가치 또는 - 같은 결과가 되지만- 절대적으로 타당한 규범의 주장에 의해 설명된다. 자기행동의 정당성에 대한 깊은 욕구와 양심을 갖는 것은 인간의 특성이다. 합리화와 정당성에 대한 욕구는 인간과 동물의 차이점 중에 하나일 것이다. 인간의 외적인 행동은 동물의 외적인 행동과 별반 다르지 않다. 인간세계처럼 동물세계에서도 큰 물고기가 작은 물고기를 잡아먹는다. 그러나 인간물고기가 본능에 의해 움직이면서 그렇게 행동하면 그는 자기 자신과 사회에 대하여 자신의 행동을 정당화하길 원하고 자신의 행동은 자기이웃에 대하여 호의적일 것이라는 생각으로 자신의 양심을 진정시키려고 한다.

14. 가정된 목적에 적합한 수단으로서의 행동의 정당성

인간은 다소 이성적인 존재이기 때문에 두려움과 욕구에 의해 결정된 자기행동을 이성적, 즉 자기오성의 기능을 통하여 정당화하려고 한다. 그러나 그러한 이성적인 정당화는 제한적으로만, 즉 두려움 또는 욕구가 특정한 목적이 달성되는 특정한 수단과 연관되느냐에 따라서만 가능하다. 수단과 목적의 관계는 원인과 효과의 관계와 일치하고, 따라서 경험에 근거하여 과학적-이성적인 방법으로 결정될 수 있다. 물론 이것은 때때로 특정한 목적의 실현을 위한 수단이 특수한 사회적 조치일 때에는 불가능하다. 왜냐하면 사회과학의 현재의 상태는 우리가 사회적 현상의 인과관계에 대한 명확한 통찰과 어떤 사회적 목적을 실현하기 위해 무엇이 가장 적합한 수단인가를 정확한 방법으로 결정할 능력을 우리에게 부여할 충분한 경험을 갖고 있지 못할 정도이기 때문이다. 예를 들면 입법자가 어떤 범죄를 방지하기 위해 사형 또는 징역형을 규정해야 하는지 하는 질문을 당할 때의 사정이 그러하다. 이 질문은 사형 또는 징역형이 정당한 형벌인가 하는 식으로 표현된다. 이러한 질문을 결정하기 위해 입법자는 상이한 형벌이 그가 방지하려고 하는 범죄를 저지르려는 경향이 있는 사람들에 대하여 가지는 효과를 알아야 할 것이다. 이는 실험을 통해서만 가능할 것이나 실험은 사회생활의 부문에서 단지 아주 제한적으로 적용될 수 있기 때문에 유감스럽게도 이러한 효과에 대해 정확하게 알지 못하며 그러한 지식을 획득할 상황에 있는 것도 아니다. 그래서 정의의 문제는 어떤 가정된 목적을 달성하기 위한 사회적 조치가 알맞은 수단인가 하는 질문에 제한되더라도 언제나 이성적으로 해결될 수 없다. 그러나 이러한 질문에 정확하게 대답할 수 있는 경우에도 대답은 우리행동의 완전한 정당성, 즉 우리의 양심이 요구하는 그러한 정당성을 제공할 수 없다. 가장 의심스러운 목적은 가장 적합한 수단으로 달성될 수 있다. 오직 원자탄만을 생각해보자. 목적은 수단을 변명하거나 -흔히 말하는 것처럼- 정당화한다. 그러나 수단은 목적을 정당화하지 않는다. 이것은 바로 목적의 정당성, 더 이상 더 높은 목적을 위한 수단이 아닌 그런 목적, 즉 오직 우리 행동의 궁극적인 정당성을 의미하는 최후의 또는 최고의 목적의 정당성이다.

15. 목적의 정당성

그 무엇, 특히 인간의 행동이 단지 특정한 목적을 위한 수단으로서 정당화될 수 있다면 목적도 정당화될 수 있는가 하는 피할 수 없는 질문이 제기된다. 이러한 질문의 제기는 결국 일반적으로 도 덕 본래의 문제이며 개별적으로는 정의 본래의 문제인 최후의, 최 고의 목적을 승인하는데 이바지하여야 한다. 인간의 행동이 어떤 식으로든 가정된 목적을 위한 적합한 수단으로서만 정당화될 수 있 다면 그것은 조건부적으로만, 즉 가정된 목적도 정당하다는 조건 하에서만 정당화된다. 그렇게 제한되고 이러한 의미에서 상대적인 정당성은 정반대의 가능성을 배제하지 않는다. 왜냐하면 최후의 목 적이 정당화되지 않는다면 이 목적을 위한 수단도 정당화되지 않기 때문이다. 민주주의는 정당한 국가형태인데, 그 이유는 이러한 국 가형태는 개인의 자유를 보장하기 때문이다. 다시 말하면 민주주의 는 개인의 자유를 보장하는 것이 최고의 목적이라는 가정 하에서만 정당한 국가형태이다. 개인의 자유 대신 경제적 안정이 최고의 목 적으로 가정되고 민주주의 국가형태 하에서 보장되지 않는다는 것 이 증명될 수 있다면 더 이상 민주주의가 아니라 다른 국가형태가 정당한 것으로 간주된다. 다른 목적은 다른 수단을 요구한다. 민주 주의는 절대적이 아니라 상대적으로 정당한 국가형태로서 정당화될 수 있다.

16. 이성적 정당성은 언제나 오직 조건부적 정당성

우리의 양심은 조건부적인 정당성에 만족하지 않을지도 모른다.

이것은 무조건적인 정당성, 절대적인 정당성을 요구할지도 모른다. 우리가 우리의 행동을 정당성조차 의문시되는 목적을 위한 적합한 수단으로서만 정당화할 수 있다면 우리의 양심은 진정되지 않는다. 그때 우리의 양심은 우리의 행동을 최후의 목적으로 정당화할 것 또는 우리의 행동이 절대적 가치와 일치할 것을 요구한다. 그러나 그러한 정당성은 이성적인 방법으로는 가능하지 않다. 모든 이성적 정당성은 그 본질에 의하면 적합한 수단으로서의 정당성이다. 궁극적 목적은 더 이상 다른 목적을 위한 수단이 아니다. 우리의 양심이 우리행동의 절대적 정당성을 요구한다면, 즉 절대적 가치를 요구한다면 우리의 이성은 이러한 요구를 충족시킬 입장에 있지 않다. 일반적인 절대적인 것과 개별적인 절대적 가치는 인간행동의 정당성문제로서 정의문제의 제한되고, 이러한 의미에서 상대적인 해결만이 가능한 인간이성의 저편에 있다.

17. 정의문제의 형이상학적

절대적 정당성에 대한 욕구는 모든 이성적인 숙고보다 더 강한 것처럼 보인다. 그래서 인간은 이러한 정당성, 즉 절대적 정의를 찾기 위하여 종교와 형이상학 쪽으로 방향을 바꾼다. 그러나 이것은 정의가 현실세계로부터 다른, 초월적 세계로 이전된다는 것을 의미한다. 정의는 중요한 특성이 되며 정의의 실현은 그것의 본질에 의하면 특성과 기능이 인간에 의해 인식될 수 없는 초인간적인 권위, 즉 신의 중요한 기능이 된다. 인간은 신의 존재, 즉 절대적 정의의 존재를 믿어야 하지만 그것을 이해할 수 없다. 다시 말하면 그것을 개념적으로 정의할 수 없다. 정의문제의 그러한 형이상학적 해결을 수용할 수 없으나, 그럼에도 불구하고 정의를 이성적-과학적으로 정의할 수 있을 것을 기대하고 절대적 가치의 이념을 존속시키는 사람들은 인간의 이성에서 절대적 가치를 확립하는 - 그러나 실제로는 그들의 확신의 감정적 요소에 의해 확립되는 근본원칙을 발견할 수 있다고 스스로 착각하고 있다. 이러한 방법으로 달성되는 일반적인 절대적 가치의 규정과 개별적인 정의의 정의(定義)는 어떤 사회질서든지 올바른 것으로 정당화될 수 있는 완전히 빈 문구라는 것을 보여준다. 그리하여 고대로부터 오늘날까지 제시된 수많은 정의이론이 두 개의 기본유형으로 압축될 수 있다는 것은 놀라운 일이 아니다: 형이상학적-종교적인 것 및 이성적인 것 또는 올바르게 말하자면 외관상 이성적인 것이 그것이다.

Ⅳ. 플라톤과 예수

18. 플라톤 철학

형이상학적 유형의 고전적 주창자는 플라톤이다.[2] 정의는 전체 철학의 핵심적 문제이다. 플라톤은 이 문제의 해결을 위해 그의 유명한 이데아론을 고안하였다. 관념은 감성에 사로잡혀 있는 인간에게는 접근하기 어려운 다른 세계, 예지적 영역에 있는 초월적인 본체이다. 그것은 전반적으로 가치, 더욱이 감성의 세계에서 실현되는, 그러나 결코 완전히 실현될 수 없는 절대적 가치를 나타낸다. 최고관념, 즉 모든 다른 관념들이 종속되고 그들 모두가 타당성을 얻는 관념은 절대선의 관념이다. 플라톤의 철학에서 이러한 관념은 어떤 종교의 신학에서의 신의 관념과 똑같은 역할을 한다. 선한 것의 관념은 정의의 관념, 즉 플라톤의 거의 모든 대화가 인식을 목표로 삼은 그 정의를 포함한다. "정의란 무엇인가?"라는 질문은 "무엇이 선한가 또는 "무엇이 선한 것인가?"라는 질문과 일치한다. 플라톤은 그의 대화에서 이러한 질문에 이성적인 방법으로 대답하려고 수없이 시도하였다. 그러나 이러한 시도 중 어느 것도 궁극적 성과를 이끌어내지 못했다. 정의에 도달한 것처럼 보였을 때 플라톤은 즉시 소크라테스의 입을 통해 좀 더 많은 연구가 필요하다고 말한다. 플라톤은 반복해서 추상적이고 모든 감성적인 사고로부터 해방된 사고의 특별한 방법, 그가 주장하는 것처럼 소위 변론법을 통달한 사람에게 관념을 파악하는 능력을 부여하는 변론법에 대한 주의를 환기시킨다. 그러나 그조차도 자기의 대화에서 이 변론법을 사용하지 않거나 우리에게 이 변론법의 성과를 알려주지 않는다. 그는 절대선의 관념에 대하여 그것은 분명히 모든 이성적인 인식, 즉 모든 사고를 넘어선다고 말한다. 자기철학의 내부의 동기와 최종목적에 대해 변명한 그의 편지(VII)에서 플라톤은 개념적 인식이 아니라 일종의 절대선의 통찰이 있을 수 있고 이러한 통찰은 신비로운 체험의 방법으로 실행되며 이러한 체험은 단지 극소수의 사람들에게만, 그리고 신의 은총에 의해서만 허용된다고 설명한다. 그러나 이러한 신비로운 통찰의 대상을, 즉 절대선을 인간의 언어로 묘사하는 것은 불가능하다고 한다. 그래서 -이는 지혜의 최후의 결론이다- 정의의 질문에 대한 대답은 있을 수 없다. 왜냐하면 정의는 신이 적은 수의 선택된 자들에게 위탁하는 비밀이고 그들이 다른 사람들에게 그것을 전달할 수 없기 때문에 그들의 비밀로 남아 있어야 하기 때문이다.

19. 예수의 설교

이러한 점에서 플라톤의 철학이 똑같이 정의를 중요한 관심사로

하고 있는 예수의 설교에 얼마나 근접해 있는지 놀랄만하다. 구약성서의 "눈에는 눈, 이에는 이" -응보원칙- 라는 합리주의적인 문구를 단호히 거부한 후에 새로운 정의, 진실한 정의로서 사랑의 원칙을 선언하였다: 악을 악으로가 아니라 선으로 보복하는 것은 악에 저항하는 것이 아니라 악인, 더욱이 적조차도 사랑하는 것이다.3) 이러한 정의는 모든 사회현실에서 가능한 질서와 동떨어진 것이다. 그리고 이러한 정의를 의미하는 사랑은 우리가 사랑이라고 부르는 인간의 감정일 수 없다. 적을 사랑하는 것은 인간의 본성에 반할 뿐만 아니라, 예수가 남자와 여자, 부모와 자식을 결합시키는 인간의 사랑을 단호히 거부하기 때문이다. 예수를 따르고 하나님 나라에 들어가길 원하는 자는 집과 농장, 부모, 형제자매, 아내, 자녀를 떠나야 한다.4) 아버지, 어머니, 아내, 자녀, 형제, 자매 그리고 자기의 목숨을 미워하지 않는 자는 예수의 제자일 수 없다.5) 예수가 가르치는 사랑은 인간의 사랑이 아니다. 그것은 악인과 선인에게 해를 비추게 하고 의로운 자들과 불의한 자들에게 비를 내리게 하는 하늘에 계신 하나님처럼 인간이 완성되는 사랑이다. 이것은 하나님의 사랑이다.6) 그러나 이 사랑에서 아주 기묘한 것은 사랑을 최후의 심판일에 죄인에게 부과된 잔인하고 더욱이 영원한 형벌과 그래서 또한 인간이 할 수 있는 극도의 공포, 신에 대한 경외감(Gottes-Furcht)과 일치하는 것으로 감수해야 한다는 것이다. 예수는 이러한 모순을 제거하려고 시도하지 않았다. 그것은 가능하지도 않다. 왜냐하면 그것은 제한된 인간이성에 대해서만 모순일 뿐

인간에게는 이해될 수 없는 신의 절대적 이성에 대한 모순이 아니기 때문이다. 그래서 최초의 기독교신학자인 파울루스는 현실세계의 지혜는 신에게는 어리석음이라는 것7), 철학, 즉 이성적-논리적인 인식은 숨겨진 신의 지혜에서 결정된 신의 정의로 가는 길이 아니라는 것8), 이러한 정의는 신에 의하여 어떤 사람에게 오로지 믿음9), 즉 사랑에 의하여 생기는 신앙10)을 통하여 주어진다는 것을 가르친다. 파울루스는 예수의 정의론, 신의 사랑론을 고수한다.11) 그러나 그는 예수가 가르치는 사랑은 이치에 맞는 인식의 저편에 있다고 시인한다.12) 이러한 사랑은 비밀이고, 많은 신앙의 비밀 중에 하나이다.

V. 내용이 없는 정의의 문구
···

20. 각자에게 그의 것을

　인간이성으로 정의의 문제에 대답하고 정의의 개념을 정의하려는 이성적인 유형은 많은 국가 민중들의 지혜와 몇몇의 유명한 철학체계에서 지지를 받는다. 그리스의 일곱 현인 중 한 사람은 정의란 각자에게 그의 것을 주는 것이라는 유명한 말을 했다. 이러한 문구는 많은 탁월한 사상가들, 특히 법철학자들에 의하여 받아들여졌다. 그러나 이것이 완전히 공허하다는 것을 보여주는 것은 쉽다. 왜냐하면 도대체 각자가 그의 것으로 간주해도 좋은 것은 무엇인지 하는 결정적인 질문에 여전히 대답하지 않고 있기 때문이다. 그러므로 "각자에게 그의 것"을 이라는 원칙은 이 질문이 이미 이전에 결정될 수 있다는 가정 하에만 적용될 수 있다. 그리고 이 문제는 입법 또는 관습의 방법으로 실정적인 도덕질서 또는 법질서로서 확립된 사회질서에 의해 결정될 수 있다. 따라서 "각자에게 그의 것을" 이라는 문구는 자본주의적 또는 사회주의적 질서, 민주주의적 또는 전체주의적 질서의 문제일지 모르지만 모든 임의의 사회질서의 정당성에 기여할 수 있다. 모든 이러한 질서에 따라 각자에게 그의 것이 주어지고, 그의 것은 각각의 질서에 따라 다를 뿐이다. -"각자에게 그의 것을"이라는 문구와 일치하기 때문에- 모든 현존하는 사회질서를 올바른 것으로 방어할 이러한 가능성은 그 질서를 일반적으로 승인한다고 선언하지만 : 또한 동시에 정의의 정의로 실정적 도덕질서 또는 법질서에 의해 보장되는, 오로지 상대적인 가치와 같을 수 없는 절대적인 가치가 결정되어야 한다면 그 질서는 정의의 정의(定義)로서 완전히 가치가 없다는 것을 보여준다.

21. 복수원칙

이는 자주 정의의 본질로 표현되는 그런 원칙에도 똑같이 적용된다 : 선을 위한 선, 악을 위한 악; 이것은 응보원칙이다. 이 원칙은 무엇이 선하며 무엇이 악한가? 하는 질문에 대한 대답이 당연한 것으로 전제되지 않는 한 의미가 없다. 그러나 이 대답은 당연하지 않은데, 왜냐하면 무엇이 선하고 무엇이 악한가에 관한 견해는 국민과 시대에 따라 매우 다르기 때문이다. 응보원칙은 오로지 불법인 해악에 불법결과인 해악을 연결시키는 특별한 실정법의 기술을 나타낼 뿐이다. 그러나 그것은 모든 실정법규범의 기초가 되는 원칙이고 그래서 모든 법질서는 응보원칙의 실현으로 정당화될 수 있다. 그러나 정의문제는 결국 법질서가 응보원칙을 적용함에 있어서 올바른가, 즉 법이 불법에 대한 악인 것처럼 불법결과의 해악으로 반응하는 구성요건이 실제로 사회에 대한 악인지, 그리고 법이 불법결과로 규정한 해악을 적합한 것으로 간주해도 좋은지 하는 문제이다. 그것은 본래의 문제, 법정의의 문제이다. 응보원칙은 이 문제에 대한 대답이 아니다.

22. 평등으로서의 정의

"같은 것은 같은 것으로 갚는다"라는 것을 의미하는 한 응보는 똑같이 정의의 본질로 주장되는 평등원칙이 등장하는 다양한 변형 중에 하나이다. 모든 인간, 인간의 용모를 지니는 모든 것은 태어나면서부터 평등하다는 가정으로부터 출발하여 모든 인간을 동등하게 대우해야 한다고 요구함으로써 평등원칙은 정점에 이른다. 그러나 전제조건이 명백히 틀리고 인간은 실제로 판이하며 진짜 똑같은 두 사람은 없으므로 이러한 요구의 유일하게 가능한 의미는 사회질서가 권리를 부여하고 의무를 부과함에 있어서 확실한 차이를 고려하지 않는다는 것이다. 이는 확실한 차이일 뿐, 모든 차이는 아니다. 어린이를 성인처럼, 정신이상자를 온전한 사람처럼 다루는 것은 어리석은 짓일 것이다. 그러면 무엇이 고려되어야 할 차이이고 무엇이 고려되어서는 안 되는 차이인가? 그것이 결정적인 문제이고, 이 문제에 평등원칙은 대답하지 않고 있다. 사실 이러한 문제를 결정함에 있어서 실정법질서는 제각각이다. 모든 실정법질서는 인간의 확실한 차이를 무시한다는 원칙과 일치한다. 그러나 실정법질서가 무시하지 않는 차이, 권리의 부여와 의무의 부과 시 고려하는 차이와 관련하여 두 법질서는 거의 일치하지 않는다. 한 법질서는 남성에게만 선거권을 주고 다른 법질서는 선거권과 관련해서 남성과 여성을 똑같이 대우하지만 남성에게는 병역의무를 부과한다: 다른 법질서는 선거권과 관련해서 남성과 여성을 구별하지 않는다. 그러면 무엇이 올바른 것일까? 종교에 무관심한 사람은 종교의 차이를 중요하지 않게 생각하려는 경향이 있다. 그러나 믿음이 두터운 사람은 자기의 신앙을 공유하는 사람, 그가 신자로서 유일하게 진실한 신자라고 생각해야만 하는 사람과 불신자 사이의 차이를 그 어떤 다른 차이보다 더 중요하다고 여길 것이다. 그는 다른 사람이 취득하지 못하는 권리를 한 사람에게 부여하는 것은 전적으로 정당하다고 생각한다. 그가 평등의 원칙을 같은 것만이 같게 다루어져야 한다는 뜻으로 해석하는 것은 옳다. 다시 말하면 무엇이 같은 것인가라는 결정적인 질문에 평등의 원칙은 답하지 않는다. 그래서 실정법질서로 수범자를 대할 때 모든 임의의 차이는 이 법질서가 이를 통하여 평등원칙과 모순에 빠지는 것 없이 중요한 것으로 간주될 수 있고, 그래서 차별적인 취급의 근거일 수 있다. 이러한 원칙은 법질서의 내용상의 구성을 결정할 수 있기 위해서는 너무 공허하다.

23. 법 앞의 평등

소위 법 앞의 평등의 특별한 원칙! 그것은 법적용기관은 적용되어야 할 법조차 구별하지 않는 것을 구별해서는 안 된다는 것을 의미한다. 법이 여성이 아니라 남성에게만, 외국인이 아니라 자국민에게만, 다른 종교나 인종의 구성원이 아니라 특정한 종교나 인종의 구성원에게만 선거권을 주었다면 법적용기관이 구체적인 경우에 여성, 외국인, 특정종교나 인종의 구성원은 선거권이 없다고 결정할 때 그럴 경우에는 법 앞의 평등원칙은 전적으로 보장된다. 이 원칙은 평등과 거의 관계가 없다. 그것은 법은 그 의미에 따라 적용되어야 하는 것처럼 그렇게 적용되어야 한다는 것만을 의미한다. 그것은 이 질서가 정당한지 또는 부당한지와 관계없이 그것의 본질에 따라 모든 법질서에 내재되어 있는 합법성의 원칙 또는 적법성의 원칙이다.

24. 공산주의적 평등

노동과 노동생산의 관계에 대한 평등원칙의 적용은 똑같은 노동일 경우 노동생산의 몫이 같아야 한다는 요구가 된다. 마르크스에 따르면 이것은 자본주의 사회질서의 기초를 이루는 정의, 소위 자본주의 경제체계의 평등법이다.[13] 이것은 인간 사이에 존재하는 노동능력의 차이를 고려하지 않으므로 실제로는 불평등법이라고 한다. 그래서 그것은 정당한 법이 아니라 부당한 법이라고 한다. 그 이유는 강하고 숙련된 사람과 약하고 숙련되지 못한 사람이 이행한 같은 양의 작업은 외관상으로만 같기 때문이다. 두 사람이 노동으로 같은 양의 노동생산을 얻는다면 그들에게 같은 것을 다르게 분배한다고 한다. 진실한 평등과 이로써 진실한, 단지 피상적이 아닌 정의는 공산주의 경제에서만 실현될 수 있다고 한다. 여기에서는 "각자는 그의 능력에 따라, 각자에게는 그의 욕구에 따라"라는 원칙이 성립한다고 한다.

이러한 원칙을 생산이 계획적으로, 다시 말하면 결국 중앙정부에 의하여 규율되는 경제 내에서 적용하여야 한다면 먼저 각 개인의 능력은 무엇이며 그는 어떤 종류의 노동에 적합한가, 그리고 어떤 것이 선천적인 재능에 따라 그에게서 추정되는 노동의 양인가 하는 질문이 제기된다. 이러한 문제는 자기의 재량을 고려하여 각 개인이 아니라, 사회 권력에 의하여 제정된 보편적인 규범에 따라 여기에 권한이 있는 공동체의 기관에 의하여 결정되어야 한다는 것은 자명하다. 그리고 그럴 경우에는 어떤 욕구가 충족될 수 있는가 하는 또 다른 질문이 제기된다. 그러나 추측컨대 이는 계획에 따라, 즉 중앙권력에 의하여 관리되는 생산과정이 작동하여 충족시키는 욕구일 뿐이다. 마르크스가 보증한 것처럼 장래의 공산주의 사회에서 생산력이 성장하고 모든 사회재산의 분천이 가득 흐른다고 하더라도 사회적 생산과정이 계획적으로 조달해야 하는 욕구의 선택은 물론 그것의 충족도 완전히 개인의 판단에 맡겨질 수 없다. 또 이러한 문제는 보편적인 원칙에 따라 사회권위에 의하여 결정되어야 할 것이다. 그래서 공산주의의 정의원칙 –"각자에게 그의 것을"이라는 문구처럼–은 구체적인 사회질서를 통하여 그 원칙의 적용에 결정적인 질문에 대한 대답을 전제로 한다. 이는 "각자에게 그의 것을" 이라는 문구의 경우처럼 모든 임의의 사회질서가 아니라 어느 정도 특정한 사회질서다. 그러나 누구도 이러한 먼 장래에 비로소 실현될 수 있는 사회질서가 어떻게 작동하고 이에 따라 공산주의의 정의원칙의 적용에 결정적인 질문에 어떻게 답할 것인지를 예측할 수 없다.

이러한 사실을 고려하면 공산주의의 정의원칙은 -그 자체가 유효할 것을 요구하는 한- 결국 규범이 된다: 각자는 공산주의 사회질서에 의하여 인정된 자신의 능력에 따라, 각자에게 이러한 사회질서에 의하여 결정된 그의 욕구에 따라. 이러한 사회질서에 의하여 조직된 공동체 내에서 모든 집단적이고 개인적인 이익의 조화와 무제한적인 개인의 자유가 존재하도록 이 사회질서가 각 개인의 능력을 그의 선천적 성향과 완전히 일치하여 인정하는 것과 모든 욕구의 충족을 보장한다는 것은 유토피아적인 환상이다; 마르크스가 예언한 것처럼 좁은 시민의 법적 시야뿐만 아니라 -더 이상의 이익충돌이 있어서는 안 되므로- 훨씬 더 넓은 정의의 시야도 넘어서는 미래로 옮겨지는 황금시대, 파라다이스 상태의 전형적인 유토피아를 말한다.14)

25. 황금률

또한 정의원칙의 적용은 황금률이라고 부르는 원리이며 그 내용

은 다음과 같다: 너에게 행해지길 원하지 않는 것 또한 다른 사람에게 행하지 마라. 긍정적으로 표현한다면: 너에게 행해지기 원하는 것 또한 다른 사람에게도 행하라. 누구든지 다른 사람들이 그에게 행하기 원치 않는다는 것은 그들이 그에게 고통을 주지 않는다는 것을 의미한다. 누구든지 다른 사람들이 그에게 행하기 원하는 것은 그들이 그에게 즐거움을 주는 것이다. 황금률은 결국 다음과 같이 요구한다: 다른 사람에게 고통이 아니라 즐거움을 줘라. 그러나 다른 사람에게 고통을 가하는 것이 어떤 사람에게는 즐거움이 되는 경우가 종종 있다. 그것이 황금률의 위반이라면 다음과 같은 질문이 제기된다: 그러한 규칙위반자를 상대로 어떻게 행동할 것인가. 이것은 바로 정의의 문제이다. 왜냐하면 아무도 다른 사람에게 고통을 주지 않고 모든 사람들이 다른 사람들에게 오직 즐거움만을 준다면 결코 정의의 문제는 생기지 않을 것이기 때문이다. 그러나 이를 위반하는 경우에 황금률을 적용하려고 시도한다면 이는 불합리한 결과가 된다는 것이 바로 증명된다. 범죄를 저질렀음에도 불구하고 어느 누구도 처벌받기를 원하지 않는다. 그러므로 황금률에 의거해서 범인을 처벌하여서는 안 된다. 누구든지 진실을 발견하고 스스로를 사기꾼으로부터 보호하는 것을 -옳든 그르든- 현명하다고 생각하므로 다른 사람이 그를 속이는 것에 대해 아무 반대도 하지 않을 것이다. 그럴 경우 황금률에 의하면 그에게는 거짓말하는 것이 허용된다. 이를 말 그대로 이해한다면 그것은 틀림없이 도덕과 모든 법을 폐기하는 결과가 된다. 이는 확실히 그것의 의도가 아니

다. 완전히 그 반대이다. 그것을 통하여 도덕과 법은 유지되어야 한다. 그러나 황금률이 이러한, 그것의 목적에 따라 해석되어야 한다면 그것의 문언에 따른 해석처럼 올바른 행동을 위한 주관적 기준을 정할 수 없고, 그럴 경우 인간은 타인을 상대로 타인이 자신을 상대로 행동하길 원했던 것처럼 그렇게 행동하도록 요구되지 않아야 한다. 그러한 주관적 기준은 모든 사회질서와 합치하지 않는다. 황금률이 객관적 기준을 정하는 것으로 이해되어야 한다. 그것의 의미는 다음과 같아야 한다: 타인이 너에게 행동해야 하는 것, 더욱이 객관적인 질서에 따라 행동해야 하는 것처럼 그렇게 타인에게 행동하라. 그러나 그들은 어떻게 행동해야 하는가? 이것은 정의의 문제이다. 황금률은 이 질문에 대답하지 않고 그에 대한 대답은 황금률에 의하여 전제된다. 그 대답은 오직 객관적 기준이 거기에서 전제되는 실정적 도덕과 실정법질서일 때문에만 전제될 수 있다.

VI. 칸트

....

26. 칸트의 정언적 명령

황금률의 문언에 들어 있는 주관적 기준이 해석을 통하여 객관적 기준에 의해 대체된다면 이러한 규칙은 결국 다음과 같은 요구가 된다: 사회질서의 보편적 규범에 합당하도록 행동하라. 모든 사회질서가 보편적인 규범으로 구성되어 있으므로 이는 동어반복의 문구이고 이미 보편적인 규범의 개념 속에는 규범에 따라 행동하여야 한다는 것이 내포되어 있음에도 불구하고 그처럼 해석되는 황금률은 칸트를 자극하여 그 유명한 정언적 명령을 표명하게 하였다. 이 정언적 명령은 그의 도덕철학의 중요한 성과이며 그의 정의문제의 해결이다. 그 내용은 다음과 같다: 주관적 행위원칙(Maxim)이 동시에 보편적 법률(Allgemeines Gesetz)이 되는 것을 바랄 수 있도록 행하라.15) 다시 말하면: 인간의 행위가 행위자가 모든 사람들에게 구속력이 있기를 원할 수 있거나 원해야 하는 규범에 의해 규정된다면 그 행위는 선하거나 정당하다. 그러나 무엇이 우리가 보편적으로 구속력이 있기를 원할 수 있거나 원해야 하는 이러한 규범인가? 이것이 정의의 결정적인 문제이다; 황금률, 그의 전형과 똑같이 정언적 명령은 이 질문에 대답하지 못하고 있다.

27. 정언적 명령

　칸트가 그의 정언적 명령의 적용을 설명하려고 하는 구체적인 예를 조사해보면 그것은 언제나 그 시대의 전통적인 도덕과 실정법규정이라는 것을 확인해야 한다. -정언적 명령설이 확정하는 것처럼- 이러한 규정들은 결코 정언적 명령에 근거하지 않는다. 왜냐하면 아무 것도 이러한 빈 문구에 근거할 수 없기 때문이다. 이것들은 정언적 명령과 일치하는 것으로 증명됐다. 그러나 이 원칙이 바로 인간은 보편적인 규범과 일치하여 행해야 한다는 것 이외에는 말하지 않으므로 모든 임의의 사회질서규정은 이 원칙과 일치한다. 그래서 "각자에게 그의 것을"이라는 원칙이나 황금률과 똑같이 정언적 명령은 보편적으로 모든 임의의 사회질서의 정당성과 개별적으로 모든 임의의 보편적 규정의 정당성으로 사용될 수 있고 그렇게 사용되었다. 이러한 가능성은 이러한 문구가 공허함에도 불구하고 - 특별히 이 문구가 공허하기 때문에- 항상 정의문제에 대한 만족스런 대답으로 용인되는지, 그리고 또한 장래에 용인될 것인지를 설명한다.

VII. 아리스토텔레스

····································

28. 아리스토텔레스의 윤리학

절대적 정의의 개념을 이성적, 과학적 또는 준과학적인 방법으로 정의하려는 헛된 시도의 아주 의미 있는 다른 예는 아리스토텔레스의 윤리학이다. 그것은 덕-윤리, 즉 정의가 주요한 덕, 완전한 덕이라는 덕의 체계를 목표로 삼는다.16) 아리스토텔레스는 덕을 결정하기 위하여, 즉 무엇이 도덕적으로 좋은 것인지 하는 질문에 대답하기 위하여 과학적, 즉 수학적-기하학적 방법을 발견했다고 확언하였다. 도덕철학은 -아리스토텔레스는 그렇게 주장한다- 그것이 본질을 확정하려고 하는 당시의 덕을 기하학자가 직선의 끝점으로부터 똑같이 멀리 떨어진, 직선을 같은 크기로 이등분하는 점을 발견할 수 있는 것과 똑같은 또는 아주 유사한 방법으로 발견할 수 있다고 한다. 왜냐하면 덕은 양극단, 즉 두 악덕, 너무 많은 악덕과 너무 적은 악덕의 중간이기 때문이다.17) 그래서 예를 들면 씩씩함의 덕은 비겁(용기가 너무 없는 것)의 악덕과 광포(용기가 너무 많은 것)의 악덕의 중간이다. 이것이 유명한 메소트의 이론 (Lehre von der Mesotes)이다. 이 이론을 평가할 수 있기 위하여 기하학자는 양끝점이 이미 이전에 존재한다는 가정 하에서만 직선을 같은 크기로 이등분할 수 있다는 것을 고려하여야 한다. 그러나 양끝점이 주어지면 그와 함께 중심도 따라온다. 다시 말하면 미리 정해진다. 무엇이 악덕인가를 안다면 무엇이 덕인지도 안다. 거짓말이 악덕이면 진실은 덕이다. 그러나 아리스토텔레스는 악덕의 존재를 자명한 것으로 전제한다. 그는 그 시대의 전통적 도덕이 악덕으로 낙인찍은 것을 악덕으로 가정한다. 그러나 그것은 메소트 이론의 윤리학이 그의 문제를 해결한다고 꾸며서 주장한다는 것을 의미한다: 무엇이 나쁘고 악덕인가, 그리고 이어서 무엇이 좋고 덕인가? 라는 문제가 그것이다. 왜냐하면 무엇이 좋은가 하는 물음에 무엇이 나쁜가하는 물음으로 대답하기 때문이다. 아리스토텔레스의 윤리학은 이러한 물음에 대한 대답을 실정적 도덕과 실정법, 현존하는 사회질서에 위임한다. 그것은 무엇이 너무 많고 무엇이 너무 적은지를 결정하는, 양극단, 즉 두 악덕, 그리고 이것으로 이미 이들 사이에 있는 덕을 결정하는 -메소트 문구가 아니라- 이러한 사회질서의 권위이다. 이러한 윤리학은 현존하는 사회질서를 유효한 것으로 전제하면서 사회질서를 정당화시킨다. 그것이 현존하는 사회질서에 의하여 좋은 것이 좋은 것이라는 결과를 초래하는 동어반복적인 메소트-문구의 본래의 기능이다. 그것은 어디까지나 현존하는 사회질서의 유지라는 전통적 기능이다.

29. 불법적 행동과 불법적 고통사이의 중간으로서의 정의

메소트-문구의 동어반복적인 성격은 그것이 정의의 덕에 적용될 때 매우 명확하게 나타난다. 아리스토텔레스는 다음과 같이 가르친다: 정당한 행위는 불법적 행동과 불법적 고통의 중간이다. 왜냐하면 전자는 너무 많고 후자는 너무 적기 때문이다.18) 이러한 경우 문구는 다음과 같다: 덕은 두 악덕의 중간이고, 은유로서 결코 함축이 없다; 왜냐하면 하는 불법과 당하는 불법은 두개의 악덕 또는 해악이 전혀 아니며, 그것은 한 사람이 타인에게 행하고 이 타인이 그에 의해 당하는 똑같은 불법이기 때문이다. 그리고 정의는 단순히 이 불법의 반대이다. 결정적인 질문: 무엇이 불법인가에 메소트-문구는 대답하지 않는다. 그 대답은 가정되며, 아리스토텔레스는 당연히 실정적 도덕과 실정법에 따라 불법인 것을 불법으로 전제한다. 메소트이론의 고유한 업적은 정의의 본질을 결정하는 것이 아니라 현존하는, 실정적 도덕과 실정법에서 제기된 사회질서의 효력을 굳건하게 하는 것이다. 이러한 정치적으로 매우 의미 있는 업적은 아리스토텔레스의 윤리학을 그것의 과학적 무가치를 지적하는 비판적 분석으로부터 보호한다.19)

VIII. 자연법

....

30. 자연법 이론

법철학의 형이상학적 유형과 이성적 유형은 17, 18세기에 지배적이었고, 19세기에 거의 완전히 포기되었다가 오늘날 다시 영향력을 얻고 있는 자연법학파에 의해 주장된다. 자연법이론은 자연, 보편적으로 자연 또는 이성이 부여된 존재인 인간의 본성으로부터 시작하는 인간관계의 완전하고 정당한 규정이 있다고 주장한다. 자연은 규범적인 권위로서, 일종의 입법자로 소개된다. 자연을 주의 깊게 분석하는 도중에 우리는 올바른 행동, 즉 정당한 인간행위를 규정하는 자연에 내재되어 있는 규범을 발견할 수 있다. 자연을 신의 창조물이라고 가정하면 자연에 내재되어 있는 규범-자연법-은 신의 의사표현이다. 그럴 경우 자연법이론은 형이상학적 성격을 갖는다. 그러나 그것이 -이러한 이성이 신에 근원을 두는지에 상관없이- 자연법의 근거가 되어야 하는 이성이 부여된 존재로서의 인간의 본성이라면, 신의 의사에 관련시키지 않고 정의의 원칙이 인간의 이성에서 발견될 수 있다고 가정한다면 자연법이론은 합리주의적인 모습으로 나타난다. 이성적인 법학의 관점에서 자연법이론의 종교적-형이상학인 전환은 전혀 고려되지 않는다. 그러나 합리주의적인 전환이 근거가 빈약한 것은 공공연하다. 인과법칙에 따라 상호 결합된 사실체계로서의 자연은 의사를 갖고 있지 않기 때문에 특정한 인간의 행위를 규정할 수 없다. 사실로부터, 즉 존재하거나 실제로 발생한 것으로부터 존재하여야 하고 실제로 발생하여야 하는 것을 추론할 수 없다. 이성적 자연법이론이 자연으로부터 인간의 행동규범을 도출하려고 시도하는 한 그 이론은 궤변에 기인한다. 또한 이는 그러한 규범을 인간의 이성으로부터 추론하려는 시도에도 적용된다. 인간의 행위를 규정하는 규범은 오직 한 의지만을 근거로 삼는다; 이 의지는 형이상학적 숙고가 배제되면 단지 인간의 의지일 수 있다. 인간은 특정한 방법으로 행동하여야 한다고 하는 주장은 -그가 실제로는 그렇게 행동하지 않았다면- 인간의지에 의해 이러한 행위를 규정하는 규범이 제정된다는 가정 하에서만 인간의 이성이 제기할 수 있다. 인간의 이성은 이해할 수 있고 묘사할 수 있고, 그것은 규정할 수 없다. 인간의 행동규범을 이성에서 찾는다는 것은 그러한 규범을 자연으로부터 얻는다는 것과 같은 환상이다.

31. 자연법이론의 모순

따라서 다양한 자연법론자들이 서로 아주 모순되는 정의원칙을 신의 본성으로부터 추론하였거나 인간의 본성에서 찾았다는 것은 놀랄 일이 아니다.[20] 이 학파의 주요대표자 중에 한 사람인 로베르트 필름머(Robert Filmer)에 따르면 전제정치, 절대왕정이 유일한 자연적인, 즉 정당한 국가형태이다. 그러나 그와 같은 정도로 탁월한 다른 자연법론자인 존 로크(John Locke)는 같은 방법으로 절대왕정은 국가형태로 간주되어져서는 안 되며 오직 민주주의만이 자연에 일치하고 정당하므로 그것만이 국가형태로 인정되어야 한다는 것을 증명하였다. 대부분의 자연법론자들은 봉건적이고 자본주의적 사회질서의 근간인 개인의 소유권은 자연과 이성이 인간에게 부여한 자연적이고 그래서 신성한, 양도할 수 없는 권리라고 주장한다; 따라서 집단소유 또는 재산의 공유, 즉 공산주의는 자연과 이성에 반하며 불공정하다. 그러나 프랑스혁명 동안에 아주 중요한 역할을 하였던 개인소유권의 폐지와 공산주의사회질서의 확립을 지향하는 18세기의 운동, 이것 또한 자연법을 근거로 내세운다; 그리고 그러한 운동의 논거는 현존하는 사회질서의 개인소유권을 방어하는 것과 똑같은 증명력을 가진다, 즉 증명력이 없다. 궤변에 근거한 자연법이론의 방법으로 어차피 모든 것을 증명할 수 있고, 그래서 아무것도 증명할 수 없다.

IX. 절대주의와 상대주의

32. 절대적 정의

인간인식의 역사가 우리에게 그 무엇을 가르칠 수 있다면 이성적인 방법으로 절대적으로 타당한 정당한 행위규범을 발견하려는, 즉 그러나 또한 상반된 행위를 정당한 것으로 간주하는 가능성을 배제하려는 시도는 헛된 것이다. 과거의 정신적 경험으로부터 그 무엇을 배울 수 있다면, 인간의 이성은 상대적 가치만을 파악할 수 있는 것, 즉 어떤 것을 정당하다고 선언하는 판단은 결코 상반된 가치판단의 가능성을 배제하라는 요구로 내려질 수 없다는 것이다. 절대적 정의는 비이성적인 이상이다. 이성적인 인식의 관점으로부터 오직 인간의 이익과 그래서 이익충돌만이 있을 뿐이다. 이를 해결하기 위해 오직 두 가지 방법만을 사용한다. 한 이익을 다른 것의 희생으로 만족시키는 것, 아니면 두 이익을 절충하는 것, 오직 하나의 해결만이 정당하고 그러나 나른 해결은 그렇지 않다는 것을 증명하는 것은 불가능하다. 사회평화가 최고의 가치로 가정된다면 화해 또는 절충해결은 정당한 것으로 보일지도 모른다. 그러나 또한 평화의 정의는 오직 상대적 정의일 뿐, 절대적 정의가 아니다.

33. 상대적 정의철학의 도덕

그렇다면 이 상대적 정의철학의 도덕은 무엇인가? 도대체 이것은 도덕을 가지고 있는가? 많은 사람들이 생각하는 것처럼 상대주의가 도덕과 무관한가, 아니면 너무 비도덕적인가?21) 나는 그렇지 않다고 생각한다. 상대주의적 가치이론의 기초가 되거나 이로부터 도출될 수 있는 도덕원칙은 관용의 원칙이고, 타인의 종교적 또는 정치적 견해에 설령 동의하지 않을지라도, 특히 그것에 동의하지 않기 때문에 그것을 호의적으로 이해하고 그래서 그들의 평화적인 발언을 제지하지 말라는 요청이다. 상대주의적 세계관으로부터 절대적 관용권이 생기지 않는다는 것은 자명하다. 관용은 수범자들에게 폭력의 사용을 금지하나, 그들 견해의 평화로운 발언을 제한하지 않으면서 수범자들 사이에 평화를 보장하는 실정법질서의 범위에서만 생긴다. 관용은 사상의 자유를 의미한다. 최고의 도덕적 이상은 이를 지지하였던 사람들의 비관용에 의해 현저히 손상되었다. 기독교를 보호하기 위하여 스페인의 규문주의가 점화하였던 화형으로 이교도가 불에 타 죽었을 뿐 아니라 기독교의 품위 있는 이론 중의 하나가 희생되었다; 비판을 받지 않으려거든 비판하지 말라. 박해받았던 교회와 박해하던 교회가 다른 교회를 섬멸하기로 의기투합한 17세기의 가공할만한, 끔찍한 종교전쟁에서 이미 베일(Pierre Bayle)은 기존의 종교 또는 정치질서를 최대한 이교도에 대한 비관용에 의하여 보호할 수 있다고 믿는 자들에 대항하였다:

모든 무질서의 기원은 관용이 아니라 비관용이다. 오스트리아 역사에서 가장 아름다운 업적 중의 하나가 카이저 요셉 2세(Kaiser Josef II)의 관용인정서이다. 민주주의가 정당한 국가형태이라면 그것은 자유를 의미하기 때문에 그렇다: 자유란 관용을 의미한다. 그러나 반민주적인 책동에 대하여 자기방어를 하여야 한다면 민주주의가 계속 관용적일 수 있을까? 민주주의는 관용적일 수 있다! 그것은 반민주주의적인 견해의 평화로운 발언을 억압하지 않는 한 관용적일 수 있다. 바로 그러한 관용에 의하여 민주주의는 독재정치와 구별된다. 우리가 이러한 구별을 유지할 수 있는 한 독재정치를 거부하고 민주주의적 국가형태를 자랑스럽게 여길 자격이 있다. 민주주의는 자포자기로는 자기방어를 할 수 없다. 그러나 민주주의를 폭력으로 제거하고, 폭력으로 탄압하고 적합한 수단으로 방해하는 시도는 민주주의 정부, 모든 사람의 권리이다. 이러한 권리의 행사는 민주주의의 원칙과 모순되는 것도 아니고 관용의 원칙과 모순되는 것도 아니다. 때때로 확실한 이념의 확대와 혁명적 전복의 예비 사이에 명확한 경계를 긋는다는 것은 매우 어렵다. 그러나 그러한 경계설정은 어떤 위험을 내포하고 있을지도 모른다. 하지만 이러한 위험을 감수하는 것은 민주주의의 본질이고 명예이다 민주주의가 이러한 위험을 극복할 수 없다면 그것은 지켜질 가치가 없다.

34. 민주주의와 학문

민주주의는 그 내부의 성질에 따라 자유를 의미하고, 자유는 관용을 의미하므로 다른 국가형태는 민주주의만큼 그렇게 학문에 호의적이지 않다. 왜냐하면 학문은 자유로울 때만 발전할 수 있기 때문이다. 그리고 학문은 외적으로 자유로울 때, 즉 정치적인 영향으로부터 독립적일 때뿐만 아니라, 또한 내부에서도 자유롭고 논거와 반대논거의 대결에서 완전한 자유가 지배할 때도 자유롭다. 학설은 학문의 이름으로 억압될 수 없다; 왜냐하면 학문의 정신은 관용이기 때문이다.

나는 이 논문을 "정의가 무엇인가"라는 질문으로 시작하였다. 지금 논문의 끄트머리에서 이 질문에 대답하지 않았다는 것을 잘 알고 있다. 나의 변명은 내가 이와 관련하여 가장 훌륭한 사회 속에 있다는 것이다. 독자들로 하여금 위대한 사상가들이 실패한 것을 내가 성공할 수 있다고 믿게 만든다는 것은 매우 불손할 것이다. 그리고 사실 정의가 무엇인지, 절대적 정의, 이러한 인간의 아름다운 꿈을 알지 못하고는 말할 수 없다. 나는 상대적 정의로 만족하여야만 하고 내게 있어 정의가 무엇인지만을 말할 수 있다. 학문은 나의 직업이고 그래서 내 인생에서 가장 중요한 것이므로 학문, 그리고 학문과 함께 진리와 정직이 번창할 수 있도록 보호하는 그 정의를 말한다. 그것은 자유의 정의, 평화의 정의, 민주주의의 정의, 관용의 정의다.

WAS IST GERECHTIGKEIT?

VON

HANS KELSEN

ZWEITE AUFLAGE 1975

FRANZ DEUTICKE WIEN

Inhalt

und Wirklichkeitsurteile

III. Gerechtigkeit als Problem der Rechtfertigung menschlichen Verhaltens

Mittel zu einem vorausgesetzten Zweck.- Mittel
und Zweck, Ursache und Wirkung

IX. Absolutismus und Relativismus

32. Absolute Gerechtigkeit: ein irrationales Ideal.–
Vom Standpunkt rationaler Erkenntnis kann es
nur eine relative Gerechtigkeit geben, die ein
entgegengesetztes Ideal nicht ausschließt
33. Die Moral relativistischer Gerechtigkeitsphilosophie:
Toleranz
34. Demokratie und Wissenschaft: Geistesfreiheit und
Toleranz

• Anmerkungungen

Was ist Gerechtigkeit?

Da Jesus von Nazareth in dem Verhör vor dem römischen Statthalter zugab, ein König zu sein, sagte er: Ich bin geboren und in dieser Welt gekommen, um Zeugnis zu geben für die Wahrheit. Worauf Pilatus fragte: Was ist Wahrheit? Der skeptischer Römer erwartete offenbar keine Antwort auf diese Frage, und der Heilige gab auch keine. Denn Zeugnis zu geben für die Wahrheit war nicht das Wesentliche seiner Sendung. Er war geboren, Zeugnis zu geben für die Gerechtigkeit, jene Gerechtigkeit, die er in dem Königreich Gottes verwirklichen wollte. Und für diese Gerechtigkeit ist er auf dem Kreuze gestorben.

So erhebt sich, hinter der Frage des Pilatus: Was ist Wahrheit? aus dem Blute des Gekreuzigten eine andere, eine noch viel gewaltige Frage, die ewige Frage der Menschheit: Was ist Gerechtigkeit?

Keine andere Frage ist so leidenschaftlich erörtert, für keine andere Frage so viel kostbares Blut, so viel bittere Tränen vergossen worden, über keine andere Frage haben die erlauchtesten Geister- von Platon bis Kant- so tief gegrübelt. Und doch ist die Frage heute so unbeantwortet wie je. Vielleicht, weil es eine jener Fragen ist, für die resignierte Weisheit gilt, daß der Mensch nie eine endgültige Antwort finden, sondern nur suchen kann, besser zu fragen.

I. Gerechtigkeit als Problem der Lösung von Interessen- oder Wert-Konflikten

1. Gerechtigkeit ist in erster Linie eine mögliche, aber nicht notwendige Eigenschaft einer gesellschaftlichen Ordnung. Nur in zweiter Linie eine Tugend des Menschen. Denn ein Mensch ist gerecht, wenn sein Verhalten einer Ordnung entspricht, die als gerecht gilt. Was bedeutet es aber, daß eine Ordnung gerecht ist? Daß diese Ordnung das Verhalten der Menschen in einer Weise regelt, die alle befriedigt, so daß alle ihr Glück unter ihr finden. Die Sehnsucht nach Glück ist des Menschen ewige Sehnsucht nach Glück. Da er dieses

Glück nicht als isoliertes Individuum finden kann, sucht er es in der Gesellschaft. Gerechtigkeit ist gesellschaftliches Glück, ist das Glück, das eine gesellschaftliche Ordnung garantiert. In diesem Sinne identiflziert Platon Gerechtigkeit mit Glück, wenn er behauptet, nur der Gerechte sei glücklich, der Ungerechte aber unglücklich.

Mit der Behauptung, Gerechtigkeit ist Glück, ist die Frage offenbar noch nicht beanwortet, sondern nur verschoben. Denn jetzt stellt sich die Frage: Was ist Glück?

2. Es ist klar, daß es eine gerechte, d. h. das Glück aller gewährleistende Ordnung nicht geben kann, wenn man mit Glück, dem ursprünglichen Sinne des Wortes gemäß, das subjektive Gefühl, das ist dasjenige meint, was ein jeder darunter für sich selbst versteht. Denn dann ist es unvermeidlich, daß das Glück des einen mit Glück eines anderen in Konflikt gerät. Ein Beispiel : Liebe ist die wichtigste Quelle für Glück sowohl als für Unglück. Nehmen wir an, daß zwei Männer eine und dieselbe Frau lieben und daß beide — mit Recht oder

Unrecht — glauben, nicht glücklich sein zu können ohne gerade diese Frau für sich allein zu haben. Aber nach dem Gesetz und vielleicht auch nach ihrem eigenen Gefühl kann die Frau nur einem angehören. Das Glück des einen ist unweigerlich das Unglück des anderen. Keine gesellschaftliche Ordnung kann dieses Problem in einer gerechten Weise, d. h. so lösen, daß beide Männer glücklich werden. Selbst nicht das berühmte Urteil des weisen König Salomon. Er entschied, wie bekannt, ein Kind, um dessen Besitz sich zwei Frauen stritten, in zwei Teile zu teilen, aber war willens, das Kind jener zuzusprechen, die ihren Anspruch zuzückziehen würde, um das Leben des Kindes zu retten. Denn diese — so setzte der König voraus — würde damit beweisen, daß sie das Kind wahrhaft liebe. Das salomonische Urteil ist, wenn überhaupt, gerecht nur unter der Bedingung, daß bloß eine der beiden Frauen das Kind liebt. Wenn es beide lieben — was möglich und sogar wahrscheinlich ist, da beide es haben wollen — und wenn daher beide ihren Anspruch zuzückziehen, bleibt der Streit unentschieden; und wenn dann das Kind schließlich doch einer der beiden Parteien zugesprochen wird, ist das Urteil sicherlich nicht gerecht, denn es macht die andere unglücklich. Unser Glück hängt sehr häufig von der Befriedigung von Bedürfnissen ab, die keine gesellschaftliche Ordnung gewährleisten kann.

Ein anderes Beispiel : Der Führer einer Armee soll ernannt werden. Zwei Männer stehen im Wettbewerb; aber nur einer kann berufen werden. Es scheint selbstverständlich zu sein, daß der für das Amt geeignetere zu berufen ist. Aber wie, wenn beide gleich geeignet sind? Dann ist eine gerechte Lösung ausgeschlossen. Nehmen wir an, daß der eine darum für geeigneter gehalten wird. weil er eine gute Figur und ein schönes Gesicht hat und so den Eindruck einer starken Persönlichkeit macht, während der andere klein ist und ein unscheinbares Äußeres hat. Wenn der erste die Stelle bekommt, wird der andere die Entscheidung keineswegs als gerecht empfinden; er wird sagen, warum sehe ich nicht so gut aus wie der andere, warum hat die Natur meinen Körper so viel weniger anziehend gestaltet? Und in der Tat, wenn wir die Natur vom Standpunkt der Gerechtigkeit aus beurteilen, müssen wir zugeben, daß die Natur nicht gerecht ist: sie macht den einen gesund

und den anderen krank, den einen klug und den anderen dumm. Keine gesellschaftliche Ordnung kann die Ungerechtigkeit der Natur völlig ausgleichen.

3. Wenn Gerechtigkeit Glück ist, dann ist eine gerechte Gesellschaftsordnung unmöglich, so lange Gerechtgkeit so viel wie individuelles Glück bedeutet. Aber eine gerechte Gesellschaftsordnung ist selbst unter der Voraussetzung unmöglich, daß sie zwar nicht das individuelle Glück aller, aber das größtmögliche Glück der größtmöglichen Zahl herbeizuführen sucht. Das ist die berühmte Definition der Gerechtigkeit, die der englische Phillosoph und Jurist Jeremy Bentham formuliert hat. Aber auch Bentham′s Formel ist nicht anwendbar, wenn unter Glück ein subjektiver Wert verstanden wird. Denn verschiedene Individuen haben höchst verschiedene Vorstellungen von dem, was ihr Glück ausmacht. Das Glück, das eine Gesellschaftsordnung zu garantieren vermag, kann nicht Glück in einem subjektiv-individuellen, sondern nur Glück in einem objektiv-kollektiven Sinne sein. Das heißt, unter Glück darf man nur die Befriedigung gewisser Bedürfnisse

verstehen, die von der gesellschaftlichen Autorität, dem Gesetzgeber, als solche anerkannt sind, die der Befriedigung würdig sind, so wie etwa das Bedürfnis nach Nahrung, Kleidung, Behausung u. dgl. Es kann nicht bezweifelt werden, daß die Befriedigung gesellschaftlich anerkannter Bedürfnisse etwas von dem ursprünglichen Sinne des Wortes völlig verschiedenes ist. Denn dieser Sinn ist dem innersten Wesen der Sache nach ein höchst subjektiver. Der Wunsch nach Gerechtigkeit ist so elementar, ist so tief verwurzelt im Herzen des Menschen, weil er nur der Ausdruck seines unzerstörbaren Wunsches nach dem eigenen, subjektiven Glück ist.

4. Die Idee des Glücks muß einen radikalen Bedeutungswandel erfahren, um eine soziale Kategorie, das Glück der Gerechtigkeit zu werden. Die Metamorphose, in der das individuelle und subjektive Glück zu der Befriedigung gesellschaftlich anerkannter Bedürfnisse wird, gleicht jener, der sich die Idee der Freiheit unterziehen muß, um ein gesellschaftliches Prinzip zu werden; und die Idee der Freiheit wird

vielfach mit der der Gerechtigkeit identifiziert, so zwar, daß eine Gesellschaftsordnung als gerecht gilt, wenn sie die individuelle Freiheit garantiert. Da wirkliche Freiheit, d. h. Freiheit von jedem Zwang, von jeder Art Regierung, mit jeder Art von Gesellschaftsordnung unvereinbar ist, kann die Idee der Freiheit die negative Bedeutung eines Frei-Seins von Regierung nicht beibehalten. Der Begriff der Freiheit muß die Bedeutung einer besonderen Form der Regierung annehmen. Freiheit muß bedeuten: Regierung durch die Mehrheit, wenn nötig, gegen die Minderheit der regierten Subjekte. Die Freiheit der Anarchie verwandelt sich so zur Selbstbestimmung der Demokratie. Auf demselben Wege wandelt sich die Idee der Gerechtigkeit aus eninem Prinzip, das das individuelle Glück aller garantiert, zu einer gesellschaftlichen Ordnung, die bestimmte Interessen schützt, jene nämlich, die von der Mehrheit der der Ordnung Unterworfenen als dieses Schutzes wert anerkannt werden.

5. Aber welche menschlichen Interessen haben diesen Wert und welches ist die Rangordnung dieser Werte? Das

ist die Frage, welche sich erhebt, wenn sich Interessenkonflikte ergeben. Und nur wo solche Interessenkonflikte bestehen, wird Gerechtigkeit zum Problem. Wo es keine Interessenkonflikte gibt, da besteht kein Bedürfnis nach Gerechtigkeit. Ein Interessenkonflikt aber liegt vor, wenn ein Interesse nur auf Kosten eines anderen befriedigt werden kann, oder, was auf dasselbe hinausläuft, wenn zwei Werte in Gegensatz treten, und es nicht möglich ist, beide zugleich zu verwirklichen, wenn der eine nur in dem Maß verwirklicht werden kann, als der andere vernachlässigt, wenn es unvermeidlich wird, die Verwirklichung des anderen der des anderen vorzuziehen, zu entscheiden, welcher der beiden Werte wichtiger, der höhere Wert, und schließlich, welches der höchste Wert ist. Das Problem der Werte ist vor allem und in erster Linie das Problem der Wertkonflikte. Und dieses Problem kann nicht mit den Mitteln rationaler Erkenntnis gelöst werden. Die Antwort auf die sich hier ergebenden Fragen ist stets ein Urteil, das in letzter Linie von emotionalen Faktoren bestimmt wird und daher einen höchst subjektiven Charakter hat. Das heißt, daß es gültig nur ist für das urteilende Subjekt, und in diesem Sinn relativ.

II. Die Rangordnung der Werte

6. Das eben Gesagte mögen einige Beispiele illustrieren. Einer bestimmten sittlichen Überzeugung zufolge ist das menschliche Leben, das Leben jedes einzelnen Individuums der höchste Wert. Folglich ist es, dieser Anschauung nach, absolut verboten, ein menschliches Wesen zu töten, auch nicht im Krieg und auch nicht in Vollstreckung der Todesstrafe. Dies ist bekanntlich die Anschauung der Kriegsdienstverweigerer und jener, die die Todesstrafe grundsätzlich ablehnen. Aber auch eine dieser entgegengesetzte, gleichfalls sittliche Überzeugung besteht, derzufolge der höchste Wert das Interesse und die Ehre der Nation ist. Daher ist jedermann sittlich verpflichtet, sein eigenes Leben zu opfern und andere als Feinde der Nation im Krieg zu töten, wenn das Interesse und die Ehre der Nation solches erfordert; und es erscheint gerechtfertigt, über schwere Verbrecher die Todesstrafe zu verhängen. Es ist, letzten Endes, unser Gefühl, unser Wille, nicht unser Verstand, das emotionale, nicht das rationale Element unseres Bewußtseins, das den Konflikt löst.

7. Ein anderes Beispiel: Ein Sklave oder ein Gefangener in einem Konzentrationslager, wo die Flucht unmöglich ist, steht vor der Frage, ob Selbstmord sittlich zulässig ist. Diese Frage ist immer wieder erörtert worden und hat insbesondere in der Ethik der Antike eine große Rolle gespielt. Die Antwort hängt von der Entscheidung ab, welcher der beiden Werte der höhere ist: Leben oder Freiheit. Wenn Leben der höhere Wert ist, dann ist Selbstmord nicht gerechtfertigt; wenn aber Freiheit der höhere Werte ist, wenn ein Leben ohne Freiheit wertlos ist, dann ist Selbstmord nicht nur erlaubt, sondern geboten. Es ist die Frage nach der Rangornung der Werte Leben und Freiheit. Nur eine subjektive Antwort auf diese Frage ist möglich, eine Antwort, die nur für das urteilende Subjekt gültig ist; keine für jedermann gültige Feststellung, wie etwa die, daß Metalle sich durch Hitze ausdehnen. Das aber ist ein Urteil über die Wirklichkeit, kein Werturteil.

8. Nehmen wir an — ohne es selbst zu behauten —,
daß es möglich sei, zu beweisen, daß die Lage eines
Volkes durch sogenannte Planwirtschaft so wesentlich
verbessert werden kann, daß wirtschaftliche Sicherheit
für jedermann im gleichen Maß garantiert ist, daß aber
eine solche Organisation nur möglich ist, wenn alle
individuelle Freiheit aufgehoben oder doch wesentlich
eingeschränkt wird. Die Antwort auf die Frage, ob
Planwirtschaft vonzuziehen sei, hängt dann von unserer
Entscheidung zwischen dem Wert der individuellen
Freiheit und dem der wirtschaftlochen Sicherheit ab. Ein
Mensch von starkem Selbstbewußtsein wird individuelle
Freiheit vorziehen, während ein solcher, der unter einem
Minderwertigkeitskomplex leidet, wirtschaftliche
Sicherheit vorziehen wird. Das heißt aber, daß auf die
Frage, ob individuelle Freiheit ein höherer Wert ist als
wirschaftliche Sicherheit oder wirtschaftliche Sicherheit
ein höherer Wert als individuelle Freiheit, nur eine
subjektive Antwort möglich ist, kein objektives Urteil wie
etwa jenes, daß Eisen schwerer ist als Wasser und

Wasser schwerer als Holz. Das aber sind Urteile über die Wirklichkeit, die verifiziert werden können durch Experiment — keine Werturteile, die eine soche Verifizierung nicht gestatten.

9. Nach sorgfältiger Untersuchung eines Patienten stellt ein Arzt eine unheilbare Krankheit fest, die innerhalb kurzer Zeit zum Tode führen muß, Soll der Artz dem Kranken die Wahrheit sagen, daß seine Krankheit heibar ist und keine unmittelbare Gefahr besteht? Die Entscheidung hängt von der Rangordnung ab, die wir in dem Verhältnis der beiden Werte: Wahrhaftigkeit und Menschlichkeit annehmen. Dem Patienten die Wahrheit zu sagen bedeutet, ihn den Qualen der Todesfurcht auszusetzen; den Kranken belügen bedeutet, ihm diese Qual zu ersparen. Wenn das Ideal der Menschlichkeit über dem der Wahrhaftigkeit steht, muß der Arzt lügen. Aber die Antwort auf die Frage, welcher dieser beiden Werte der höhere ist, ist auf Grundlage rational-wissenschaftlicher Erwägungen nicht möglich.

10. Wie früher bemerkt, vertritt Platon die Ansicht, daß der Gerechte, und d. h. bei ihm der sich rechtmäßig Verhaltende, und nur der Gerechte glücklich ist, der Ungerechte, und d. h. der sich rechtswidrig Verhaltende, aber unglücklich ist. Platon sagt, „daß das gerechteste Leben das glückseligste ist". Dennoch gibt er zu, daß vielleicht in dem einen oder anderen Fall ein gerechter Mann unglücklich und ein ungerechter Mann glücklich sein könnte. Aber, so fügt der Philosoph hinzu, es ist absolut nötig, daß die dem Rechtsgesetz unterworfenen Bürger an die Wahrheit der Behauptung glauben, daß nur der Gerechte glücklich ist, selbst wenn diese Behauptung nicht wahr sein sollte; andernfalls würde ja niemand dem Gesetz gehorchen. Folglich hat die Regierung nach Platon das Recht, unter den Bürgern mit allen Mitteln der Propaganda die Lehre zu verbreiten, daß der gerechte Mann glücklich und der ungerechte Mann unglücklich ist, selbt wenn dies eine Lüge ist. Wenn dies eine Lüge ist, dann ist es eine höchst nützliche Lüge, denn diese Lüge garantiert den Gehorsam gegenüber dem Gesetz. „Könnte ein Gesetzgeber, der zu irgend etwas taugt, eine nützlichere Lüge erfinden als diese, oder eine, die die Bürger wirksamer dazu veranlassen könnte, freiwillig und ohne Zwang gerecht zu handeln?" ,,Wenn ich Gesetzgeber wäre, würde ich die Schriftsteller, ja alle Bürger zwingen, sich in diesem Sinne zu äußern, dahin nämlich, daß das gerechteste Leben das glücklichste ist."[22] Nach Platon ist die Regierung durchaus berechtigt, von Lügen Gebrauch zu machen, die sie für heilsam hält. Platon stellt die Gerechtigkeit, und das heißt hier, was die Regierung dafür hält, nämlich Gesetzmäßigkeit, über die Wahrheit. Aber es gibt keinen hinreichenden Grund, der uns verbieten würde, die Wahrhiet über die Gesetzmäßigkeit zu stellen und eine Regierungspropaganda als unsittlich abzulehhnen, die auf Lügen beruht; selbst wenn diese Lügen einem guten Zweck dienen.

11. Die Antwort auf die Frage nach der Rangordnung der Werte — wie Leben und Freiheit, Freiheit und Gleichheit, Freiheit und Scherheit, Wahrheit und Gerechtigkeit, Wahhaftigkeit und Menschlichkeit, Individuum und Nation — muß verschieden ausfallen, je nachdem due Frage sich an einen gläubigen Christen

richtet, der sein Seelenheil, d. i. sein Schicksal nach
dem Tode, für wichtiger hält als irdische Güter, oder an
einen Materialisten, der nicht an eine Unsterblichkeit
der Seele glaubt; und die Antwort kann nicht dieselbe
sein, wenn sie unter der Annahme gegeben wird, daß
Freiheit der höchste Wert ist, d. i. vom Standpunkt des
Liberalismus, oder unter der Voraussetzung, daß
Wirtschaftliche Sicherheit das letzte Ziel einer
Gesellschaftsordnung ist, d. i. vom Standpunkt des
Sozialismus. Und die Antwort wird stets den Charakter
eines subjektiven und daher bloß relativen Werturteils
haben.

Ⅲ. Gerechtigkeit als Problem der Rechtfertigung menschlichen Verhaltens

12. Die Tatsache, daß echte Werturteile subjektiv sind
und daß daher sehr verschiedene, einander
widersprechende Werturteile möglich sind, bedeutet
durchaus nicht, daß jedes Individuum sein eigenes

Wertsystem hat. Tatsächlich stimmen viele Individuen in ihren Werturteilen überein. Ein positives Wertsystem ist nicht die willkürliche Schöpfung eines isolierten Individuums, sondern stets das Ergebnis des gegenseitigen Einflusses, den Individuen innerhalb einer gegebenen Gruppe — wie Familie, Stamm, Klan, Kaste, Beruf — und unter bestimmten ökonomischen Bedingungen aufeinander ausüben. Jedes Wertsystem, insbesondere eine Moralordnung mit ihrer Zentralidee der Gerechtigkeit, ist ein gesellschaftliches Phänomen, und daher verschieden nach der Natur der Gesellschaft, innerhalb der es zustande kommt. Die Tatsache, daß gewisse Werte in einer bestimmten Gesellschaft allgemein anerkannt werden, ist durchaus mit dem subjektiven und relativen Charakter der diese Werte behauptenden Urteile vereinbar. Daß viele Individuen in einem Werturteile übereinstimmen, ist keinerlei Beweis dafür, daß dieses Urteil richtig, d. h. in einem objektiven Sinne gültig ist. Gerade so wie die Tatsache, daß die meisten Menschen glauben, oder doch geglaubt haben, die Sonne drehe sich um die Erde, kein Beweis dafür ist oder war, daß dieser Glaube auf Wahrheit beruht. Das Kriterium der Gerechtigkeit, ganz ebenso wie das Kriterium der Wahrheit, ist durchaus nicht die Häufigkeit, in der Wirklichkeits-oder Werturteile auftreten. In der Geschichte der menschlichen Zivilisation sind sehr häufig ganz allgemein anerkannte Werturteile von anderen, ihnen mehr oder minder entgegengesetzten und dabei nicht weniger allgemein anerkannten Werturteilen verdrängt worden. So hat man in primitiver Gesellschaft Kollektivhaftung, z. B. im Falle der Blutrache, als ein durchaus gerechtes Prinzip angesehen, während in moderner Gesellschaft das gegenteilige Prinzip der Individualhaftung dem Rechtsgefühl entspricht, ohne daß jedoch auf gewissen Gebieten, wie z. B. in internationalen Beziehungen das Prinzip der Kollektivhaftung, und im Bereich religiösen Glaubens die Erbhaftung, als Erbsünde — auch eine Art Kollektivhaftung — mit dem sittlichen Empfinden vieler Menschen von heute unvereinbar wäre. Auch ist durchaus nicht ausgeschlossen, daß in der Zukunft — im Falle Sozialismus zur Herrschaft kommen sollte — im Bereich interindividueller Beziehungen wiederum eine von jedweder religliösen Vorstellung unabhängige

Kollektivhaftung ganz allgemein als sittlich angesehen werden wird.

13. Obgleich die Frage, was eigentlich der höchste Wert sei, nicht rational beantwortet werden kann, so wird doch das subjektive und relative Urteil, mit dem diese Frage tatsächlich beantwortet wird, üblicherweise als die Behauptung eines objektiven Wertes oder − was auf dasselbe hinausläuft − einer absolut gültigen Norm dargestellt. Es ist eine Eigentümlichkeit des Menschen, daß er ein tiefes Bedürfnis nach Rechtfertigung seines Verhaltens, daß er ein Gewissen hat. Das Bedürfnis nach Rechtfertigung oder Rationalisierung ist vielleicht einer der Unterschiede, die zwischen Mensch und Tier bestehen. Das äußere Verhalten der Menschen unterscheidet sich nicht sehr von dem der Tiere: die großen Fische fressen die kleinen, im Tierreich wie im Menschenreich. Wenn aber so verhält, wünscht er doch sein Verhalten vor sich selbst und vor der Gesellschaft zu rechtfertigen, sein Gewissen mit der Vorstellung zu beruhigen, daß sein Verhaltem gegenüber seinen Nebenmenschen gut ist.

14. Da der Mensch ein mehr oder weniger rationales Wesen ist, versucht er, sein durch Furcht und Wunsch bestimmtes Verhalten rational, d. h. durch eine Funktion seines Verstandes zu rechtfertigen. Solch rationale Rechtfertigung aber ist nur in beschränktem Maße möglich, nur insoweit nämlich, als sich seine Furcht oder sein Wunsch auf ein bestimmtes Mittel bezieht, durch das ein bestimmter Zweck erreicht werden soll. Das Verhältnis von Mittel und Zweck fällt mit dem von Ursache und Wirkung zusammen, und kann daher auf Grundlage der Erfahrung und sohin auf wissenschaftlich-rationalem Wege bestimmt werden. Freilich, auch dies ist mitunter nicht möglich, wenn die Mittel, um einen bestimmten Zweck zu verwirklichen, spezifisch gesellschaftliche Maßnahmen sind. Denn der gegenwärtige Zustand der Gesellschaftswissenschaft ist derart, daß wir keine klare Einsucht in den Kausalnexus der gesellschaftlichen Phänomene und daher keine hinreichende Erfahrung haben, die uns befähigen würde, in präziser Weise zu bestimmen, welches die geeignetsten Mittel sind, um gewisse gesellschaftliche Zwecke zu verwirklichen. Das ist z. B. der Fall, wenn ein Gesetzgeber vor der Frage steht, ob er Todesstrafe oder bloß Gefängnisstrafe androhen soll, um gewisse Verbrechen zu verhindern. Diese Frage kann auch dahin formuliert werden, ob Todesstrafe oder Gefängnisstrafe die gerechte Strafe ist. Um diese Frage zu entscheiden, müßte der Gesetzgeber die Wirkung kennen, die die Androhung der verschiedenen Strafen auf Menschen hat, die die Neigung haben, die Verbrechen zu begehen, die der Gesetzgeber zu verhindern sucht. Leider haben wir aber keine exakte Kenntnis dieser Wirkung und sind auch nicht in der Lage, uns eine solche Kenntnis zu verschaffen, da dies, wenn überhaupt, so nur durch Anstellung von Experimentens möglich wäre, das Experiment aber im Bereich sozialen Lebens nur in sehr beschränktem Maße anwendbar ist. Daher ist das Ploblem der Gerechtigkeit, selbst wenn es nur auf die Frage eingeschränkt wird, ob eine gesellschaftliche Maßnahme ein geeignetes Mittel ist, um einen irgendwie vorausgesetzten Zweck zu erreichen, nicht immer rational lösbar. Aber auch in den Fällen, wo diese Frage exakt beantwortet werden kann, kann die Antwort keine volle

Rechtfertigung unseres Verhaltens liefern, jene Rechtfertigung, die unser Gewissen fordert. Durch höchst geeignete Mittel können höchst fragwürdige Zwecke erreicht werden. Man denke nur an die atomische Bombe. Der Zweck rechtfertigt ober – wie man zu sagen pflegt – heiligt das Mittel. Aber das Mittel rechtfertigt nicht den Zweck. Und es ist gerade die Rechtfertigung des Zweckes, jenes Zweckes, der nicht mehr ein Mittle zu einem höheren Zweck ist, des letzten ober obersten Zweckes, die allein die endgültige Rechtfertigung unseres Verhaltens dartellt.

15. Wenn irgend etwas, insbesondere ein menschliches Verhaltem, nur als Mittel zu einem bestimmten Zweck gerechtfertigt ist, erhebt sich die unausweichliche Frage, ob auch der Zweck rechtfertigbar ist. Und diese Fragestellung muß schließlich zur Annahme eines letzten, höchsten Zweckes führen, der das eigentliche Problem der Moral im allgemeinen und der Gerechtigkeit im besonderen ist. Wenn ein menschliches Verhalten nur als geeignetes Mittel zu einem irgendwie vorausgesetzten Zweck gerechtfertigt ist, ist es nur bedingungweise gerechtfertigt, unter der Bedingung nämlich, daß auch der vorausgesetzte Zweck gerechtfertigt ist. Eine derart bedingte und in diesem Sinne relative Rechtfertigung schließt nicht die Möglichkeit des Gegenteiles aus; denn wenn der letzte Zweck nicht rechtfertigbar ist, ist auch das Mittel zu diesem Zweck nicht rechtfertigbar. Demokratie ist eine gerechte Staatsform, weil diese Staatsform individuelle Freiheit sichert. Das heißt aber, daß Demokratie eine gerechte Staatsform nur unter der Voraussetzung ist, daß die Wahrung individueller Freiheit der höchste Zweck ist. Wenn anstatt individueller Freiheit wirtschaftliche Sicherheit als höchster Zweck vorausgesetzt wird, und wenn bewiesen werden kann, daß diese unter einer demokratischen Staatsform nicht gewährleistet wird, dann kann nicht mehr Demokratie nur als eine relativ, nicht als eine absolut gute Staatsform gerechtfertigt werden.

16. Unser Gewissen mag sich mit einer solch bedingungsweisen Rechtfertigung nicht zufriedengeben. Es mag eine bedingungslose, eine absolute Rechtfertigung fordern. Dann ist unser Gewissen nicht beruhigt, wenn

wir unser Verhalten nur als ein geeignetes Mittel zu einem Zweck zu rechtfertigen vermögen, dessen Rechtfertigung selbst zweifelhaft bleibt. Dann verlangt es, daß wir unser Verhalten als letzten Zweck rechtfertigen, oder, was dasselbe ist, daß unser Verhalten einem absoluten Wert entspreche. Eine solche Rechtfertigung ist jedoch auf rationalem Wege nicht möglich. Alle rationale Rechtfertigung ist ihrem Wesen nach Rechtfertigung als geeignetes Mittel; und ein letzter Zweck ist eben nicht mehr ein Mittel zu einem weiteren Zweck. Wenn unser Gewissen absolute Rechtfertigung unseres Verhaltens fordert, d. h. aber absolute Werte postuliert, so ist unsere Vernunft nicht imstande, diese Forderung zu erfüllen. Das Absolute im allgemeinen und absolute Werte im besonderen sind jenseits der menschlichen Vernunft, für die nur eine bedingte und in diesem Sinne relative Lösung des Problems der Gerechtigkeit als des Problems der Rechtfertigung menschlichen Verhaltens möglich ist.

17. Aber das Bedürfnis nach absoluter Rechtfertigung scheint stärker zu sein als alle rationale Erwägung.

Daher wender sich der Mensch zur Religion und Metapyhsik, um hier diese Rechtfertigung, d. h. absolute Gerechtigkeit, zu finden. Das bedeutet aber, daß die Gerechtigkeit von dieser Welt in eine andere, transzendente Welt verlegt wird. Sie wird die wesentliche Eigenschaft und ihre Verwirklichung die wesentliche Funktion einer übermenschlichen Autorität einer Gottheit, deren Eigenschaften und Funktionen ihrem Wesen nach menschlicher Erkenntnis unzugänglich sind. Der Mensch muß an die Existenz Gottes, und das heißt an die Existenz einer absoluten Gerechtigkeit, glauben, aber er ist unfähig, sie zu begreifen, das heißt sie begrifflich zu bestimmen. Jene, die eine solch metaphysische Lösung des Problems der Gerechtigkeit nicht annehmen können, dennoch aber die Idee absoluter Werte aufrecht erhalten, in der Hoffnung, sie rational-wissenschaftlich bestimmen zu können, täuschen sich selbst mit der Illusion, daß es möglich sei, in der menschlichen Vernunft gewisse Grundprinzipien zu finden, die jene absoluten Werte konstituieren — die aber in Wahrheit von den emotionalen Elementen ihres Bewußtseins konstituiert werden. Die Bestimmung der

Gerechtigkeit im besonderen, die auf diesem Wege erzielt werden, erweisen sich als völlig leere Formeln, durch die jede beliebige gesellschaftliche Ordnung als gerecht gerechtfertigt werden kann.

Daher ist es nicht verwunderlich, daß die zahlreichen Gerechtigkeitstheorien, die seit den ältesten Zeiten bis auf den heutigen Tag vorgebracht wurden, sich leicht auf zwei Grundtypen reduzieren lassen: einen metaphysisch-religiösen und einen rationalistischen oder, richtiger gesagt, einen pseudo-rationalistischen.

Ⅳ. Platon und Jesus

18. Der klassische Vertreter des metaphysischen Typus ist Platon[23]. Gerechtigkeit ist das Zentralproblem seiner gesamten Philosophie. Und zur Lösung dieses Problems entwickelt er seine berühmte Ideenlehre. Die Ideen sind transzendente Wesenheiten, die in einer anderen Welt, in einer intelligiblen Sphäre existieren, die den in der Sinnlichkeit befangenen Menschen unzugänglich ist. Sie repräsentieren im wesentlichen Werte, und zwar absolute Werte, die in der Welt der Sinne zwar verwirklicht werden sollen, aber niemals ganz verwirklicht werden können. Die Hauptidee, jene, der alle anderen Ideen untergeordnet sind und von der sie alle ihre Geltung erlangen, ist die Idee des absolut Guten; und diese Idee spielt in der Philosophie Platons ganz die gleiche Rolle wie die Idee Gottes in der Theologie irgendeiner Religion. Die Idee des Guten schließt die der Gerechtigkeit in sich; jene Gerechtigkeit, auf deren Erkenntnis beinahe alle Dialoge Platons abzielen. Die Frage: ,,Was ist Gerechtigkeit?" fällt daher mit der Frage,, Was ist gut oder was ist das Gute?" zusammen. In seinen Dialogen macht Platon zahlreiche Versuche, diese Frage auf einem rationalen Weg zu beantworten. Aber keiner dieser Versuche führt zu einem endgültigen Ergebnis. Wenn irgendeine Definition erreicht zu sein scheint, erklärt Platon durch den Mund des Sokrates sofort, daß vielmehr weitere Untersuchungen nötig seien. Platon verweist wiederholt auf eine spezifische Methode abstrakten, von allen sinnlichen Vorstellungen befreiten Denkens, die sogenannte Dialektik nicht mit. Von der

Idee des absolut Guten sagt er sogar ausdrücklich, daß sie jenseits aller rationalen Erkenntnis, und d. h. allen Denkens liegt. In einem seiner Briefe, dem Ⅶ., wo er Rechenschaft gibt über die innersten Motive und letzten Ziele seiner Philosophie, erklärt er, daß es überhaupt keine begriffliche Erkenntnis, sondern nur eine Art Schau des absolut Guten geben könne, und daß diese Schau sich im Wege eines mystischen Erlebnisses vollziehe, das nur Wenigen und nur durch göttliche Gnade zuteil werde; daß es aber unmöglich sei, den Gegenstand dieser mystischen Schau, und d. h. das absolut Gute, in Worten menschlicher Sprache zu beschreiben. Daher − und dies ist dieser Weisheit letzter Schluß − kann es keine Antwort auf die Frage der Gerechtigkeit geben. Denn Gerechtigkeit ist ein Geheimnis, das Gott −wenn überhaupt − so nur einigen wenigen Auserwählten anvertraut, und das deren Geheimnis bleiben muß, weil sie es anderen nicht vermitteln können.

19. Es ist merkwürdig, wie nahe in diesem Punkte die Philosophie Platons der Predigt Jesu steht, dessen wichtigster Belang gleichfalls die Gerechtigkeit war. Nachdem er die rationalistische Formel des Alten Testaments ,, Aug um Aug, Zahn um Zahn " — das Prinzip der Vergeltung — energisch zurückgewiesen, verkündet er als die neue, die wahre Gerechtigkeit das Prinzip der Liebe: Böses nicht mit Bösem, sondern mit Gutem zu vergelten, nicht widerstreben dem Übel, sondern den Übeltäter, ja sogar den Feind lieben.[24] Diese Gerechtigkeit liegt jenseits jeder in einer gesellschaftlichen Realität möglichen Ordnung; und die Liebe, die diese Gerechtigkeit ist, kann nicht das menschliche Gefühl sein, das wir Liebe nennen. Nicht nur darum, weil es gegen des Menschen Natur ist, seinen Feind zu liebem, sondern auch darum, weil Jesus die menschliche Liebe, die den Mann mit dem Weib, die Eltern mit ihren Kindern verbindet, nachdrücklichst ablehnt. Wer Jesum folgen und in das Reich Gottes gelangen will, der muß Haus und Hof, Eltern, Geschwister, Weib und Kinder verlassen.[25] Ja, wer nicht hasset seinen Vater, Mutter, Weib, Kinder, Brüder, Schwestern, und dazu sein eigenes Leben, der kann nicht Jesu Schüler sein.[26] Die Liebe, die Jesus lehrt, ist nicht die Liebe des Menschen. Es ist die Liebe, durch die der Mensch so volkommen werden soll wie sein Vaster im Himmel, der die Sonne aufgehen läßt über die Bösen und über die Guten, und der regnen läßt über die Bösen und über die Guten, und der regnen läßt über Gerechte und Ungerechte.[27] Es ist die Liebe Gottes. Das seltsamste an dieser Liebe aber ist, daß man sie als vereinbar mit der grausamen, sogar ewigen Strafe hinnehmen muß, die über den Sünder im Jüngsten Gericht verhängt wird, und daher auch mit der tiefsten Furcht, deren ein Mensch fähig ist, der Gottes-Furcht. Diesen Widerspuch hat Jesus nicht aufzuklären versucht. Und solches ist auch gar nicht möglich. Denn es ist ein Widerspruch nur für die beschränkte menschliche Vernunft, nicht für die absolute Vernunft Gottes, die dem Menschen unfaßbar ist. Daher lehrt Paulus, der erste Theologe der christlichen Religion, daß dieser Welt Weisheit Torheit ist bei Gott,[28] daß Philosophie, d. i. rational-logische Erkenntnis, kein Weg ist zur göttlichen Gerechtigkeit, die in der verborgenen Weisheit Gottes beschlossen ist,[29] daß diese Gerechtigkeit einem von Gott nur durch den Glauben zuteil wird,[30] den Glauben, der durch die Liebe wirkt.[31)] Paulus hält fest an Jesu Lehre von der neuen Gerechtigkeit, der Liebe Gottes.[32)] Aber er gibt zu, daß die Liebe, die Jesus lehrt, jenseits verstandesmäßiger Erkenntnis ist.[33)] Sie ist ein Geheimnis, eines der vielen Geheimnisse des Glaubens.

V. Die inhalsleeren Formeln der Gerechtigkeit

20. Der rationalistische Typus, der die Antwort auf die Frage der Gerechtigkeit mit den Mitteln menschliher Vernunft, der eine Definition des Begriffes der Gerechtigkeit zu geben versucht, ist in der Volksweisheit vieler Nationen sowie auch in einigen berühmten philosophischen Systemen vertreten. Auf einen der sieben Weisen Griechenlands wird das bekannte Wort zurückgeführt, Gerechtigkeit sei: Jedem das Seine zu gewähren. Diese Formel wurde von vielen hervorragenden Denkern, und besonders von Rechtshilosophen angenommen. Es ist leicht zu zeigen, daß sie völlig leer ist. Denn die entscheidende Frage, was es eigentlich ist, das jedermann als „das Seine" betrachten darf, bleibt unbeantwortet. Daher ist das Prinzip „Jedem das Seine" nur unter der Voraussetzung anwendbar, daß diese Frage schon vorher entschieden ist. Und sie kann nur durch eine Gesellschaftsordnung entschieden werden, die als eine positive Moral-oder Rechtsordnung im Wege der Gewohnheit oder Gesetzgebung errichtet ist. Daher kann die Formel „Jedem das Seine" zur Rechtfertigung jeder beliebigen Gesellschaftsordnung dienen, mag es sich um eine kapitalistische oder sozialistische, eine demokratische oder autokratische Ordnung handeln. Nach allen diesen Ordnungen wird jedem das Seine gewährt, nur daß eben „das Seine" nach jeder Ordnung verschieden ist. Diese Möglichkeit, jede gegebene Gesellschaftsordnung als gerecht — weil der Formel „Jedem das Seine" entsprechend — zu verteidigen, erklärt ihre allgemeine Annahme; zeigt aber auch zugleich, daß sie als Definition der Gerechtigkeit völlig wertlos ist, soferne damit ein absoluter Wert bestimmt werden soll, der nicht identisch sein kann mit den bloß relativen Werten, die durch eine positive Moral-oder Rechtsordnung garantiert werden.

21. Dasselbe trifft auf jenen Grundsatz zu, der wohl am häufigsten als das Wesen der Gerechtigkeit dargestellt wird: Gut für Gut, Übel für Übel; das ist der Grundsatz der Vergeltung. Er ist sinnlos, sofern nicht die Antwort auf die Frage: Was ist gut, was ist übel? als selbstverständlich vorausgesetzt wird. Aber diese Antwort ist durchaus nicht selbstverständlich, da die Anschauungen über das, was gut und übel ist, bei verschiedenen Völkern und zu verschiedenen Zeiten sehr verschieden sind. Der Grundsatz der Vergeltung bringt nur die spezifische Technik des positiven Rechts zum Ausdruck, das an das Übel des Unrechts das Übel der Unrechtsfolge knüpft. Das aber ist das Prinzip, das allen positiven Rechtsnormen zugrundeliegt, und daher kann jede Rechtsordnung als Verwirklichung des Vergeltnungsprinzips gerechtfertigt werden. Die Frage der Gerechtigkeit aber ist in letzter Linie die Frage: ob eine Rechtsordnung in ihrer Anwendung des Vergeltungsprinzips gerecht ist, d. h. aber, ob der Tatbestand, gegen den das Recht als gegen ein Unrecht mit dem Übel der Unrechtsfolge reagiert, wirklich ein Übel für die Gesellschaft ist, und ob das Übel, das das

Recht als Unrechtsfolge statuiert, als entsprechend angesehen werden darf. Das ist die eigentliche Frage, die Frage nach der Gerechtigkeit des Rechts. Und auf diese Frage ist das Vergeltungsprinzip keine Antwort.

22. Insofern als Vergeltung soviel bedeutet wie Gleiches mit Gleichen zu erwidern, ist Vergeltung eine der mannigfachen Spielarten, in denen das Prinzip der Gleichheit auftritt, das ebenfalls als das Wesen der Gerechtigkeit behauptet wird. Von der Annahme ausgehend, daß alle Menschen, „alles, was Menschenantlitz trägt", von Natur aus gleich sind, gipfelt es in der Forderung, alle Menschen gleich zu behandeln. Aber da die Voraussetzung offenkundig falsch ist, die Menchen tatsächlich sehr verschieden sind und es überhaupt nicht zwei Menschen gibt, die wirklich gleich sind, ist der einzig mögliche Sinn dieser Forderung: daß die Gesellschaftsordnung in der Gewährung von Rechten und in der Auferlegung von Pflichten gewisse Unterschiede unberücksichtigt lasse. Nur gewisse, keineswegs alle Unterschiede! Kinder ebenso zu behandeln wie Erwachsene, Wahnsinnige ebenso wie geistig Gesunde, wäre absurd. Welches sind aber die Unterschiede, die berücksichtigt, und welches jene, die nicht berücksichtigt werden sollen? Das ist die entscheidende Frage, und auf diese Frage gibt das Prinzip der Gleichheit keine Antwort. Tatsächlich gehen in der Entscheidung dieser Frage die positiven Rechtsordnungen weit auseinander. Alle entsprechen dem Grundsatz, gewisse Unterschiede der Menschen zu ignorieren. Aber in bezug auf die Unterschiede, die sie nicht ignorieren, die sie bei der Gewährung von Rechten und Auferlegung von Pflichten in Rechnung ziehen, stimmen kaum zwei Rechtsordnungen überein. Die einen gewähren nur Männern, nicht aber Frauen politische Rechte, andere behandeln beide Geschlechter in dieser Hinsicht gleich, verpflichten aber nur Männer, Militärdienst zu leisten; andere aber machen auch in dieser Hinsicht keinen Unterschied zwischen Männern und Frauen. Was aber ist gerecht? Wer selbst religiös indifferent ist, wird geneigt sein, Unterschiede der Religion unerheblich zu halten. Wer aber gläubig ist, wird den Unterschied zwischen jenen, die seinen Glauben teilen, den er als Gläubiger für den einzig wahren halten muß, und allen anderen, den Ungläubigen, für wesentlicher als irgendeinen anderen Unterschied ansehen. Er wird es als durchaus gerecht empfinden, den einen Rechte zu erteilen, die den anderen versagt bleiben. Er wird das Prinzip der Gleichheit ganz mit Recht dahin interpretieren, daß nur Gleiche gleich behandelt werden sollen. Das heißt aber, daß die entscheidende Frage: was ist gleich, durch das sogenannte Prizip der Gleichheit nicht beantwortet wird. Jeder beliebige Unterschied kann daher bei der Behandlung der Rechtsunterworfenen durch eine positive Rechtsordnung als wesentlich gelten und daher die Grundlage einer differentiellen Behandlung sein, ohne daß diese Rechtsordnung dadurch in Widerspruch mit dem Prinzip der Gleichheit gerät. Dieses Prinzip ist zu leer, um die inhaltliche Gestaltung einer Rechtsordnung bestimmen zu können.

23. Und nun gar das besondere Prinzip der sogenannten Gleichheit vor dem Gesetz! Es bedeutet nichts anderes, als daß die rechtsanwendenden Organe keine Unterschiede machen sollen, die das anzuwendende

Recht nicht selbst macht. Gewährt das Recht nur Männern, nicht aber Frauen, nur Staatsbürgern, nicht aber Staatsfremden, nur Angehörigen einer bestimmten Religion oder Rasse, nicht aber Angehörigen einer bestimmten Religionen oder Rassen, politische Rechte, dann ist der Grundsatz der Gleichheit vor dem Gesetz durchaus gewahrt, wenn die rechtsanwendenden Organe in konkreten Fällen entscheiden, daß eine Frau, ein Staatsfremder, der Angehörige einer bestimmten Religion oder Rasse keine politischen Rechte habe. Mit Gleichheit hat dieses Prinzip kaum noch etwas zu tun. Es besagt nur, daß das Recht so angewendet werden soll, wie es seinem Sinne nach anzuwenden ist. Es ist das Prinzip der Recht-oder Gesetzmäßigkeit, das jeder Rechtsordnung ihrem Wesen nach immanent ist, gleichgültig, ob diese Ordnung gerecht oder ungerecht ist.

24. Die Anwendung des Prinzips der Gleichheit auf das Verhältnis von Arbeitsleistung und Arbeitsprodukt führt zu der Forderung: der gleichen Arbeitsleistung einen gleichen Anteil an dem Arbeitsprodukt zu gewähren. Das ist nach Karl Marx[34)] die Gerechtigkeit, die der

kapitalistischen Gesellschaftsordnung zugrunde liegt, das angeblich „gleiche Recht" dieses Wirtschaftssystems. Es sei in Wahrheit ein ungleiches Recht, da es die Verschiedenheit, die zwischen Menschen in bezug auf ihre Arbeitsfähigkeit besteht, unberücksichtigt lasse; und sei daher kein gerechtes, sondern ein ungerechtes Recht. Denn dasselbe Quantum an Arbeit, das ein starker und geschickter und das ein schwacher und ungeschickter Mensch leistet, sei nur scheinbar gleich; und wenn beide für ihre Arbeit dasselbe Maß an Arbeitsprodukt erhalten, werde ihren Gleiches für Ungleiches zuteil. Wahre Gleichheit und damit wahre, nicht nur scheinbare Gerechtigkeit könne nur in einer kommunistischen Wirtschaft verwirklicht werden, wo der Grundsatz gelten werde: Jeder nach seinen Fähigkeiten, jedem nach seinen Bedürfnissen.

Soll dieses Prinzip innerhalb einer Wirtschaft angewendet werden, deren Produktion planmäßig, und das heißt letzten Endes durch eine zentrale Autorität geregelt ist, entsteht zunächst die Frage: was sind jedes einzelnen Fähigkeiten, zu welcher Art von Arbeit ist er geeignet, und welches ist das Maß an Arbeit, das ihm nach seinen natürlichen Anlagen zugemutet werden darf? Es versteht sich von selbst, daß diese Frage nicht von jedem einzelnen selbst nach seinem eigenen Ermessen, sondern von einem hiezu berufenen Organ der Gemeinschaft nach generellen, von der gesellschaftlichen Autorität gesetzten Normen entschieden werden muß. Und dann entsteht die weitere Frage, welche Bedürfnisse befriedigt werden können. Doch offenbar nur jene, für deren Befriedigung der planmäßig, und das heißt von einer zentralen Autorität geleitete Produktionsprozeß funktioniert. Und selbst wenn, wie Marx versichert, in der kommunistischen Gesellschaft der Zukunft,, die Produktionskräfte wachsen" und ,,alle Springquellen des gesellschaftlichn Reichtums voller fließen " sollten, kann weder die Auswahl der Bedürfnisse, für die der gesellschaftliche Produktionsprozeß planmäßig zu sorgen hat, noch das Ausmaß ihrer Befriedigung völlig dem Belieben der einzelnen überlassen bleiben. Auch diese Frage wird durch die gesellschaftliche Autorität nach allgemeinen Grundsätzen entschieden werden müssen. So setzt auch das kommunistische Gerechtigkeitsprinzip — ganz wie die Formel ,,Jedem das Seine" — die

Beantwortung der für seine Anwendung entscheidenden Fragen durch eine positive Gesellschaftsordnung voraus. Zwar ist dies nicht, wie im Falle der Formel „Jedem das Seine", jede beliebige, sondern eine ganz bestimmte Gesellschaftsordnung. Aber niemand kann voraussehen, wie diese erst in ferner Zukunft zu verwirklichende Gesellschaftsordnung funktionieren wird und wie nach ihr die für die Anwendung des kommunistischen Gerechtigkeitsprinzips entscheidenden Fragen beantwortet werden werden.

Zieht man diese Tatsache in Rechnung, dann läuft das kommunistische Gerechtigkeitsprinzip — sofern es überhaupt als solches zu gelten beansprucht — auf die Norm hinaus: Jeder nach seinen durch die kommunnistische Gesellschaftsordnung anerkannten Fähigkeiten, jedem nach seinen durch diese Gesellschaftsordnung bestimmten Bedürfnissen. Daß diese Gesellschaftsordnung die Fähigkeiten jedes einzelnen in vollem Einklang mit seine eigenen Neigungen anerkennen und daß sie die Befriedigung aller seiner Bedürfnisse garantieren werde, so daß innerhalb der von ihr konstituierten Gemeinschaft Harmonie aller kollektiven und individuellen Interessen und sohin unbeschränkte individuelle Freiheit bestehen werde, ist eine utopische Illusion; die typische Utopie eines in die Zukunft verlegten goldenen Zeitalters, eines paradiesischen Zustandes, in dem nicht nur, wie Marx prophezeit, „der enge bürgerliche Rechtshorizont", sondern – da es keine Interessenkonflikte mehr geben soll – auch der viel weitere Horizont der Gerechtigkeit überschritten sein würde.[35]

25. Auch eine Anwendung des Gleichheitsprinzipes ist der Grundsatz, den man als die Goldene Regel bezeichnet, und der lautet: Was du nicht willst, daß man dir tue, das tue auch einem anderen nicht; oder, positiv ausgedrückt: Was du willst, daß man dir tue, das tue du auch den anderen. Was jedermann wünscht, daß andere ihm nicht tun, ist, daß sie ihm keinen Schmerz verursachen; und was jedermann wünscht, daß andere ihm tun, ist, daß sie ihm Lust verursachen. Also läuft die Goldene Regel auf die Forderung hinaus: Füge dem anderen keinen Schmerz zu, sondern bereite ihm Lust. Allein, es kommt nur zu häufig vor, daß es einem

Menschen Lust bereitet, anderen Schmerz zuzufügen. Wenn das eine Verletzung der Goldnen Regel ist, entsteht die Frage: wie soll man sich gegen einen solchen Verletzer der Regel verhalten? Gerade das ist die Frage der Gerechtigkeit. Denn wenn niemand einem anderen Schmerz und jedermann einem anderen nur Lust bereiten würde, gäbe es überhaupt kein Problem der Gerechtigkeit. Versucht man aber, die Goldene Regel auf den Fall ihrer Verletzung anzuwenden, erweist sich sofort, daß dies zu absurden Konsequenzen führt. Niemand wünscht bestraft zu werden, auch wenn er ein Verbrechen begangen hat. Daher darf man — der Goldenen Regel zufolge — Verbrecher nicht bestrafen. Jemand mag gar nichts dagegen haben, daß andere ihn belügen, da er sich — mit Recht oder Unrecht — für klug genug hält, die Wahrheit ausfindig zu machen und sich so gegen den Lügner zu schützen. Dann aber ist ihm, nach der Goldenen Regel, erlaubt zu lügen. Wird diese wörtlich genommen, muß sie zur Aufhebung aller Moral und allen Rechtes führen. Das ist nun gewiß nicht ihre Absicht; ganz im Gegenteil. Durch sie soll doch Moral und Recht aufrecht erhalten werden. Wenn aber die

Goldene Regel nach dieser ihrer Absicht interpretiert werden soll, dann kann sie nicht, wie ihrem Wortlaute nach, ein subjektives Kriterium für das richtige Verhalten aufstellen, dann darf der Mensch nicht aufgefordert werden, sich anderen gegenüber so zu verhalten, wie er es wünscht, daß andere sich ihm gegenüber verhalten. Ein solch subjektives Kriterium ist mit aller Gesellschaftsordnung unvereinbar. Die Goldene Regel muß dahin verstanden werden, daß sie ein objektives Kriterium aufstellt. Ihre Bedeutung muß sein: Verhalte dich gegenüber anderen so wie diese sich dir gegenüber verhalten sollen; und zwar einer objektiven Ordnung gemäß verhalten sollen. Aber wie sollen sie sich verhalten? Das ist die Frage der Gerechtigkeit. Und die Antwort auf diese Frage ist mit der Goldenen Regel nicht gegeben, sondern ist von ihr vorausgesetzt. Und sie kann nur darum vorausgesetzt sein, weil es die Ordnung der positiven Moral und des positiven Rechtes ist, die dabei vorausgesetzt wird.

VI. Kant

....

26. Wenn das subjektive Kriterium, das im Wortlaut der Goldenen Regel enthalten ist, im Wege der Interpretation durch ein objektives Kriterium ersetz wird, dann läuft diese Regel auf die Forderung hinaus: Verhalte dich im Einklang mit den generellen Normen der gesellschaftlichen Ordnung. Obgleich dies eine tautologische Formel ist, da jede gesellschaftliche Ordnung aus generellen Normen besteht, und im Begriff der generellen Norm schon enthalten ist, daß man sich ihr gemäß verhalten soll, hat doch die so interpretierte Goldene Regel Immanuel Kant zu der berühmten Formulierung des kategorischen Imperativs angeregt, der das wesentliche Ergebnis seiner Moralphilosophie und seine Lösung des Problems der Gerechtigkeit ist. Sie lautet: Handle nur nach der Maxime, von der du zugleich wünschen kannst, daß sie ein allgemeines Gesetz werde.[36] Mit anderen Worten: Menschliches Verhalten ist gut oder gerecht, wenn es durch Normen bestimmt ist, von denen der handelnde Mensch wünschen kann oder soll. daß sie für alle Menschen verbindlich seien. Aber welches sind diese Normen, von denen wir wünschen können oder sollen, daß sie allgemein verbindlich seien? Das ist die entscheidende Frage der Gerechtigkeit; und auf diese Frage gibt der kategorische Imperativ – ganz ebenso wie die Goldene Regel, sein Vorbild – keine Antwort.

27. Wenn man die konkreten Beispiele untersucht, mit denen Kant die Anwendung seines kategorischen Imperativs zu illustrieren versucht, muß man feststellen, daß es durchwegs Vorschriften der traditionellen Moral und des positiven Rechts seiner Zeit sind. Sie sind keineswegs – wie die Theorie des kategorischen Imperativs vorgibt – aus dem kategorischen Imperativ abgeleitet, denn nichts kann aus dieser leeren Formel abgeleitet werden. Sie erweisen sich nur als mit dem kategorischen Imperativ vereinbar. Aber jede Vorschrift jeder beliebigen Gesellschaftsordnung ist mit diesem Prinzipe vereinbar, da dieses nichts anderes sagt, als das der Mensch in Einklang mit generellen Normen handeln soll. Daher kann der kategorische Imperativ, ganz ebenso wie der Grundsatz „Jedem das Seine" oder die Goldene Regel, als Rechtfertigung jeder beliebigen generellen Vorschrift im besonderen dienen und ist auch so verwendet worden. Diese Möglichkeit erklärt, warum diese Formeln, trotz ihrer – ja gerade wegen ihrer – völligen Leerheit, noch immer als befriedigende Antworten auf die Frage der Gerechtigkeit hingenommen werden, und wohl auch in Zukunft werden hingenommen werden.

VII. Aristoteles

28. Ein anderes, sehr bezeichnendes Beispiel für dem vergeblichen Versuch, den Begriff einer absoluten Gerechtigkeit mit einer rationalen, wissenschaftlichen oder doch quasi-wissenschaftlichen Methode zu definieren, ist die Ethik des Aristoteles. Sie ist eine Tugend-Ethik, d. h. sie zielt auf ein system von Tugenden ab, unter denen die Gerechtigkeit die Haupt-Tugend, die vollkommene Tugend ist.[37]

Aristoteles versichert, er habe eine wissenschaftliche, nämlich mathematisch-geometrische Methode gefunden, um Tugenden zu bestimmen, d. h. die Frage zu beantworten, was sittlich gut ist. Der Moralphilosoph — so behauptet Aristoteles — könne die jeweilige Tugend, deren Wesen er zu bestimmen sucht, auf die gleiche oder doch eine sehr ähnliche Weise finden, wie ein Geometer den von den beiden Endpunkten einer Linie gleich weit entfernten, die Linie in zwei gleiche Teile halbierenden Punkt finden kann. Denn die Tugend ist die Mitte zwischen zwei Extremen, d. h. zwei Lastern, einem Zuviel und einem Zuwenig.[38] So z. B. ist die Tugend der Tapferkeit die Mitte zwischen dem Laster der Feigheit(einem Zuwenig an Mut) und dem Laster der Tollkühnheit(einem Zuviel an Mut). Das ist die berühmte Lehre von der Mesotes. Um diese Lehre beurteilen zu können, muß man bedenken, daß ein Geometer eine Linie in zwei gleiche Teile nur unter der Voraussetzung teilen kann, daß die beiden Endpunkte schon vorher gegeben sind. Sind diese aber gegeben, dann ist mit ihnen der Mittelpunkt mitgegeben, d. h. schon vorausbestimmt. Wenn wir wissen, was Laster sind, wissen wir auch schon, was Tugenden sind; denn eine Tugend ist das Gegenteil eines Lasters. Wenn Lügenhaftigkeit ein Laster, dann ist Wahrhaftigkeit eine Tugend. Die Existenz der Laster aber setzt Aristoteles als selbstverständlich voraus; und als Laster setzt er voraus, was die traditionelle Moral seiner Zeit als solche brandmarkt. Das bedeutet aber, daß die Ethik der Mesotes-Doktrin nur vorgibt, ihr Problem zu lösen; das Problem: Was ist böse oder ein Laster, und folglich, was ist gut oder eine Tugend? Denn die Frage, was ist gut, ist mit der Frage, was böse ist, beantwortet; und die Beantwortung dieser Frage überläßt die Aristotelische Ethik der positiven Moral und dem positiven Recht, der gegebenen Gesellschaftsordnung. Es ist die Autorität dieser Gesellschaftsordnung — und nicht die Mesotes-Formel — die bestimmt, was zu viel und was zu wenig ist, die die beiden Extreme, d. h. die beiden Laster, und damit schon die Tugend festsetzt, die zwischen beiden liegt. Indem diese Ethik die gegebene Gesellschaftsordnung als gültig voraussetzt, rechtfertigt sie sie. Das ist die eigentliche Funktion der tautologischen Mesotes-Formel, die darauf hinausläuft, daß gut ist, was nach der bestehenden Gesellschaftsordnung gut ist. Es ist eine durchaus konservative Funktion: die Aufrechterhaltung der bestehenden Gesellschaftsordnung.

29. Der tautologische Charakter der Mesotes-Formel zeigt sich besonders deutlich in ihrer Anwendung auf die Tugend der Gerechtigkeit. Aristoteles lehrt: Gerechtes Verhalten ist die Mitte zwischen Unrecht-Tun und Unrecht-Leiden. Denn das erstere ist zu viel, das letztere zu wenig haben.[39)] In diesem Falle ist die Formel: Tugend ist die Mitte zwischen zwei Lastern, nicht einmal als eine Metapher sinnvoll; denn das Unrecht, das man tut, und das Unrecht, das man leidet, sind nicht zwei Laster oder Übel, es ist ein und dasselbe Unrecht, das der eine dem anderen tut und daher der andere von dem einen leidet. Und die Gerechtigkeit ist einfach das Gegenteil dieses Unrechts. Die entscheidende Frage: Was ist unrecht, ist mit der Mesotes-Formel nicht beantwortet. Die Antwort ist vorausgesetzt, und Aristoteles setzt als Unrecht ganz selbstverständlich voraus, was nach der positiven Moral und dem positiven

Recht Unrecht ist. Die eigentliche Leistung der Mesotes-Lehre ist nicht, das Wesen der Gerechtigkeit zu bestimmen, sondern die Geltung der bestehenden, in der positiven Moral und dem positiven Recht etablierten Gesellschaftsordnung zu bekräftigen. Diese politisch höchst bedeutsame Leistung sichert die Aristotelische Ethik gegen eine kritische Analyse, die ihre wissenschaftliche Wertlosigkeit aufzeigt.[40]

Ⅷ. Das Naturrecht

30. Der metaphysische sowohl wie der rationalistische Typus der Rechtsphilosophie ist in der Schule des Naturrechts vertreten, die während des 17. und 18. Jahrhunderts herrschend war, während des 19. Jahrhunderts fast völlig aufgegeben wurde, in unseren Tagen aber wieder an Einfluß gewinnt. Die Lehre vom Naturrecht behauptet, daß es eine vollkommen gerechte Regelung der menschlichen Beziehungen gibt, die von der Natur, der Natur im allgemeinen oder der Natur des

Menschen als eines mit Vernunft begabten Wesens ausgeht. Natur wird als normative Autorität, als eine Art Gesetzgeber vorgestellt. Im Wege einer sorgfältigen Analyse der Natur können wir die ihr immanenten Normen finden, die das richtige, und d. h. das gerechte menschliche Verhalten vorschreiben. Wird die Natur als Schöpfung Gottes vorausgesetzt, dann sind die ihr immanenten Normen — das Naturrecht — der Ausdruck des Willens Gottes. Dann hat die Naturrechtslehre einen metaphysischen Charakter. Wenn es aber die Natur des Menschen als eines mit Vernunft begabten Wesens ist, aus der das Naturrecht — ohne Rücksicht auf einen göttlichen Ursprung dieser Vernunft — abgeleitet werden soll, wenn angenommen wird, daß das Prinzip der Gerechtigkeit in der menschlichen Vernunft — ohne Rekurs auf einen göttlichen Willen — gefunden werden kann, dann tritt die Naturrechtslehre in einem rationalistischen Gewande auf. Vom Standpunkt einer rationalen Wissenschaft des Rechts kommt die religös-metaphysische Wendung der Naturrechtslehre überhaupt nicht in Frage. Die rationalistische Wendung ist aber offenkundig unhaltbar. Die Natur als ein System von Tatsachen, die miteinander nach dem Kausalprinzip verbunden sind, hat keinen Willen und kann daher kein bestimmtes menschliches Verhalten vorschreiben. Von Tatsachen, das ist von dem, was ist oder tatsächlich geschieht, kann kein Schluß gezogen werden auf das, was sein oder geschehen soll. Soweit die rationalistische Naturrechtslehre versucht, aus der Natur Normen für menschliches Verhalten abzuleiten, beruht sie auf einem Trugschluß. Das trifft auch auf den Versuch zu, solche Normen aus der menschlichen Vernunft zu deduzieren. Normen, die menschliches Verhalten vorschreiben, können nur von einem Willen ausgehen; und dieser Wille kann nur ein menschlicher sein, wenn metaphysische Spekulation ausgeschlossen wird. Die Behauptung, daß der Mensch sich in bestimmter Weise verhalten soll — wenn er sich vielleicht tatsächlich auch nicht so verhält — kann von der menschlichen Vernunft nur unter der Voraussetzung aufgestellt werden, daß durch einen Akt menschlichen Willens eine Norm gesetzt ist, die dieses Verhalten vorschreibt. Die menschliche Vernunft kann verstehen und beschreiben, sie kann nicht vorschreiben. Normen für menschliches Verhalten in der Vernunft zu finden, ist die gleiche Illusion wie die, solche Normen aus der Natur zu gewinnen.

31. Es ist daher nicht zu verwundern, daß die verschiedenen Anhänger der Naturrechtslehre einander höchst widersprechende Prinzipien der Gerechtigkeit aus der göttlichen Natur deduziert oder in der menschlichen Natur gefunden haben.[41] Nach einem der führenden Vertreter dieser Schule, Robert Filmer, ist Autokratie, die absolute Monarchie, die einzig natürliche und d. h. gerechte Staatsform. Aber ein anderer, ebenso hervorragender Naturrechtslehrer, John Locke, beweist mit derselben Methode, daß die absolute Monarchie überhaupt nicht als eine Staatsform angesehen werden darf, daß nur die Demokratie als solche gelten kann, da nur sie der Natur entspricht und daher nur sie gerecht ist. Die meisten Vertreter der Naturrechtslehre behaupteten, daß Individualeigentum, diese Grundlage der feudalen und kapitalistischen Gesellschaftsordnung, ein natürliches und daher heiliges, unveräußerliches Recht sei, das die Natur oder Vernunft dem Menschen verliehen hat; daß folglich Kollektiveigentum oder

Gütergemeinschaft, d. h. Kommunismus, gegen Natur und Vernunft und daher ungerecht ist. Aber die auf Abschaffung des Individualeigentums und auf Errichtung einer kommunistischen Gesellschaftsordnung gerichtete Bewegung des 18. Jahrhunderts, die während der französischen Revolution eine gewisse Rolle gespielt hat, auch sie berief sich auf das Naturrecht; und ihre Argumente haben dieselbe Beweiskraft wie jene, mit denen das Individualeigentum der bestehenden Gesellschaftsordnung verteidigt wurde, nämlich keine. Mit den auf einen Trugschluß gegründeten Methoden der Naturrechtslehre kann man eben alles und daher nichts beweisen.

IX. Absolutismus und Relativismus

32. Wenn die Geschichte der menschlichen Erkenntnis uns irgend etwas lehren kann, ist er die Vergeblichkeit des Versuches, auf rationalem Wege eine absolut gültige Norm gerechten Verhaltens zu finden, d. h. aber eine solche, die die Möglichkeit zu halten. Wenn wir aus der geistigen Erfahrunng der Vergangenheit irgend etwas lernen können, ist es dies, daß die menschliche Vernunft nur relative Werte begreifen kann, und d. h. daß das Urteil, mit dem etwas für gerecht erklärt wird, niemals mit dem Anspruch auftreten kann, die Möglichkeit ist ein irrationales Ideal. Vom Standpunkt rationaler Erkenntnis gibt es nur menschliche Interessen und daher Interessenkonflikte. Für deren Lösung stehen nur zwei Wege zur Verfügung: entweder das eine Interesse auf Kosten den anderen zu befriedigen, oder ein Kompromiß zwischen beiden herbeizuführen. Es ist nicht möglich, zu beweisen, daß nur die eine, nicht aber die andere Lösung gerecht ist. Wenn sozialer Friede als höchster Wert vorausgesetzt wird, mag die Kompromißlösung als gerecht erscheinen. Aber auch die Gerechtigkeit des Friedens ist nur eine relative, keine absolute Gerechtigkeit.

33. Was aber ist die Moral dieser relativistischen Gerechtigkeitsphilosphie? Hat diese überhaupt eine Moral? Ist Relativismus nicht amoralisch oder gar unmoralisch, wie manche meinen?[42] Ich bin nicht dieser

Meinung. Das moralische Prinzip, das einer relativistischen Wertlehre zugrundeliegt oder aus ihr gefolgert werden kann, ist das Prinzip der Toleranz, das ist die Forderung, die religiöse oder politische Anschauung anderer wohlwollend zu verstehen, auch wenn man sie nicht teilt, ja gerade, weil man sie nicht teilt, und daher ihre friedlichen Äußerungen nicht zu verhindern. Es versteht sich von selbst, daß sich aus einer relativistischen Weltanschauung kein Recht auf absolute Toleranz ergibt; Toleranz nur im Rahmen einer positiven Rechtsordnung, die den Frieden unter den Rechtsunterworfenen garantiert, indem sie ihnen jede Gewaltanwendung verbietet, nicht aber die friedliche Äußerung ihrer Meinungen einschränkt. Toleranz bedeutet Gedankenfreiheit. Die höchsten sittlichen Ideale sind kompromittiert worden durch die Intoleranz jener, die für sie eingetreten sind. Auf den Scheiterhaufen, die die spanische Inquisition zur Verteidigung der christlichen Religion angezündet hat, sind nicht nur die Leiber der Ketzer verbrannt, sondern ist auch eine der vornehmsten Lehren Christi geopfert worden: Richte nicht, auf daß du nicht gerichtet werdest. In den fürchterlichen Religionskämpfen des 17. Jahrhunderts, in denen die verfolgte Kirche mit der verfolgenden nur in dem Willen einig war, die andere zu vernichten, hat schon Pierre Bayle, einer der großen Befreier des Menschengeistes, denen, die eine bestehende religiöse oder politische Ordnung am besten durch Unduldsamkeit gegen die Andersgläubigen verteidigen zu können glauben, entgegengehalten: ,,Alle Unordnung entsteht nicht aus der Duldung, sondern aus der Unduldsamkeit. "In der Geschichte Österreichs ist eines der schönsten Ruhmesblätter das Toleranzpatent Kaiser Josefs II. Wenn die Demokratie eine gerechte Staatsform ist, so nur darum, weil sie Freiheit bedeutet; und Freiheit bedeutet Toleranz. Aber kann Demokratie tolerant bleiben, wenn sie sich gegen antidemokratische Umtriebe verteidigen muß? Sie kann es ! In dem Maße, als sie friedliche Äußerungen anti-demokratischer Anschauungen nicht unterdrückt. Gerade durch solche Toleranz unterscheidet sich Demokrtie von Autokratie. Wir sind berechtigt, Autokratie abzulehnen und auf unsere demokratische Staatsform stolz zu sein, nur so lange wir diesen Unterschied aufrecht erhalten. Demokratie kann sich nicht dadurch verteidigen, daß sie sich selbst aufgibt. Aber es ist das Recht jeder, auch einer demokratischen Regierung, Versuche, sie mit Gewalt zu beseitigen, mit Gewalt zu unterdrücken und durch geeignete Mittel zu verhindern. Die Ausübung dieses Rechts ist weder mit dem Prinzip der Demokratie noch mit dem der Toleranz in Widerspruch. Es mag mitunter schwierig sein, eine klare Grenzlinie zu ziehen zwischen der Verbreitung gewisser Ideen und der Vorbereitung eines revolutionären Umsturzes. Aber von der Möglichkeit, eine solche Grenzlinie zu finden, hängt die Möglichkeit ab, Demokratie aufrecht zu erhalten. Es mag auch sein, daß solche Grenzziehung eine gewisse Gefahr in sich schließt. Aber es ist das Wesen und die Ehre der Demokratie, diese Gefahr auf sich zu nehmen; und wenn Demokratie diese Gefahr nicht bestehen kann, dann ist sie nicht wert, verteidigt zu werden.

34. Da Demokratie ihrer innersten Natur nach Freiheit, und Freiheit Toleranz bedeutet, ist keine andere Staatsform der Wissenschaft so günstig wie gerade die Demokratie. Denn Wissenschaft kann nur

gedeihen, wenn sie frei ist; und sie ist frei nicht nur, wenn sie es nach außen, d. h. wenn sie von politischen Einflüssen unabhängig ist, sondern wenn sie auch im Innern frei ist, wenn völlige Freiheit herrscht in dem Spiel von Argument und Gegenargument. Keine Lehre kann im Namen der Wissenschaft unterdrückt werden; denn die Seele der Wissenschaft ist Toleranz.

Ich habe diese Abhandlung mit der Frage begonnen: Was ist Gerechtigkeit? Nun, an ihrem Ende, bin ich mir wohl bewußt, diese Frage nicht beantwortet zu haben. Meine Entschuldigung ist, daß ich in dieser Hinsicht in bester Gesellschaft bin. Es wäre mehr als anmaßend, meine Leser glauben zu machen, mir könnte gelingen, was die größten Denker verfehlt haben. Und in der Tat, ich weiß nicht und kann nicht sagen, was Gerechtigkeit ist, die absolute Gerechtigkeit, dieser schöne Traum der Menschheit. Ich muß mich mit einer relativen Gerechtigkeit begnügen und kann nur sagen, was Gerechtigkeit für mich ist. Da Wissenschaft mein Beruf ist und sohin das Wichtigste in meinem Leben, ist es jene Gerechtigkeit, unter deren Schutz Wissenschaft, und mit Wissenschaft Wahrheit und Aufrichtigkeit gedeihen können. Es ist die Gerechtigkeit der Freiheit, die Gerechtigkeit des Friedens, die Gerechtigkeit der Demokratie, die Gerechtigkeit der Toleranz.

각 주

1) Platon, Nomoi 662 b.

2) 나의 논문: "Die platonische Gerechtigkeit". Kant-Studien 38(1933), 91면 이하 참조.

3) Matth. V 38, 44.

4) Luk. XVIII 29, 30.

5) Luk. XIV 26.

6) Matth. V 45, 48.

7) I Kor. III 19.

8) I Kor. II 1 이하.

9) Phil. III 9.

10) Gal. V 6.

11) Rom. XIII 8 이하, I Kor. XIII 1 이하.

12) Eph. III 19.

13) "Zur Kritik des sozialdemokratischen Parteiprogramms." Aus dem Nachlaß von Karl Max. Neue Zeit, IX. Jahrgang, I Bd. (1890 - 1891), 561면 이하.

14) 나의: Sozialismus und Staat, 2.Aufl. (1923), 90면 이하와 비교.

15) Immanuel Kant, Grundlegung zur Metaphysik der Sitten, 2장.

16) Aristoteles, Nicomachische Ethik 1129 b.

17) Aristoteles, Ibidem 1107 a, 1106 b, 1905 b.

18) Aristoteles, Ibidem 1133 b.

19) 나의 논문: "The Metamorphoses of the Idea of Justice", in: Interpretations of Modern Legal Philosophies. Essays in Honor of Roscoe Pound. New York, Oxford University Press, (1947), 399면 비교.

20) 나의 논문: "The Natural-Law Doctrine before the Tribunalof Science." The Western Political Quarterly vol. II (1949), 481 면 이하 비교.

21) 그래서 최근에 정의는 상대적인 것이라는 견해, 불가피하게 상대주의와 결합되어 있다는 견해, 그래서 절대적 정의를 인정하지 않는 이러한 상대주의에 전체주의국가에 대한 책임을 묻는다. 이와 관련하여 아주 특이한 것은 상대주의를 비판하는 프로테스탄트 신학자인 에밀 부르너(Brunner)의 저서이다: 정의. 사회질서의 원칙에 관한 이론, 취리히 1943. 부르너는 전체주의국가는 신앙이 없으며 종교적이고 형이상학적인 실증주의의 불가피한 결과라고 주장한다. 이러한 주장은 전체주의국가의 전형인 플라톤의 이상국가와 절대적 정의를 포함하는 절대선의 존재를 승인함으로써 정점에 이르는, 그의 상대주의를 비판하는, 절대적 가치를 목표로 하는 이념론의 결과라는 부정할 수 없는 사실과 명백하게 모순된다(위에서 인용된 내 논문 "플라톤의 정의" 116면 참조, 그리고 폽퍼 개방사회, 1945, 1권, 도처에 그리고 89면 이하). 가치철학과 정치학 사이에 관련이 있다면 전체주의국가의 독재정치, 정치적 절대주의, 절대적

가치에 대한 믿음과 민주주의에 중요한 관용의 요구를 포함한 민주주의는 가치상대주의에 귀속된다. 나는 이러한 관련을 내 논문인 "민주주의의 가치와 본질, 2판, 튀빙겐, 1929"에서 증명하였다.

그밖에 부르너가 "오늘날 정당하게도 전체주의국가에 의한 탄압에 대해 불평을 말하는 교회는 우선 교회가 국가권력을 가지고 오직 자유로운 판단에만 기인할 수 있는 것을 지키려고 하면서 국가에 양심탄압의 나쁜 선례를 제공하였던 장본인이라는 것을 결코 잊어서는 안 되고 교회는 부끄럽게도 자신이 거의 모든 점에 있어서 전체주의국가의 첫 번째 스승이었다는 것을 항상 기억하게 하여야 한다(68/9)"고 절박한 심정으로 고백하므로 매우 논리에 맞지 않다. 그러나 그것은 교회가 믿음이 없는, 종교와 형이상학에 적대적인 실증주의와 상대주의가 아니라 그 반대, 즉 절대적 정의에 대한 믿음을 가르치기 때문에 -또는 가르치는데도 불구하고- 옳다.

부르너의 논문은 상대주의를 부정하기 보다는 오히려 정당화시킨다. 그의 "기독교신앙을 근거로"(VII 면) 발전된 정의론에서 그는 절대적인 정의, 신의 정의가 있거나 정의가 전혀 없다는 논제로부터 출발한다: 유효한 것, 우리 모두 위에 있는 정의, 우리로부터 출발한 것이 아니라 우리가 받은 요구, 모든 국가, 모든 법에 타당한 정의의 규범적 규정이 있거나 정의가 아니라 오직 법이라 불리는 조직된 힘(8면)이 있다. 그는 자신이 -합리주의적인 것과는 달리- 기독교의 자연법으로 설명하는(100면) 신의 창조질서에서 절대적 정의의 신의 법칙을 발견했다고 믿는다. 그러나 상대주의적 실증주의에 의해 정의이념의 파괴를 저지할 수 있기 위해 그는 - 실정법과 다른, 아마 그와 대조되는 질서로서- 절대적 정의, 신의 정의, 기독교 자연법의 인정에 대한 믿음을 불가피한 것으로 여긴 후 모든 실정법은 상대적으로 정당할 수 있다는 것-이것은 기독교 자연법의 절대적 정의론의 결과이다-을 인정한다(9면). 그것은 부르너가 절대적 정의 이외에 그러나 그 자체 모순인 상대적 정의를 인정한다는 것을 의미한다. 왜냐하면 절대적 정의와 일치하지 않는 질서는 부당하고 그래서 정당할 수 없고 또한 상대적일 수 없다. 상대적 정의 이외에 절대적 정의가 있을 수 없 것 같이 절대적 정의

이외에 상대적 정의가 있을 수 없다. 부르너는 "자연법과 모순되는, 즉 부당한 국가법에 복종할 필요가 없다"(110면)는 사상을 자연법과 연계시켜서는 안 된다는 것을 인정해야 함에도 불구하고 그것을 확인한다. 국가법은 제2의 법체계의 경합을 묵인할 수 없다고 한다. "국가의 법적 안정성이 흔들리지 않아야 한다면 한번 유효한 국가법규범은 독점적 구속력을 가져야 하며 자연법은 홀로 법구속력을 요구해서는 안 된다"(110면). 부르너가 8면(페이지)을 절대적 정의로 표시할 때, 법적 구속력이 없는 자연법은 유효한 것일 수 없다. 그러한 질서가 구속력 때문에 존재하므로 구속력이 없는 자연법은 결코 규범적 질서가 아니다. 상대주의적 법실증주의로의 놀라운 전환으로 부르너는 국가와 실정법의 권위를 깊이 존중하면서(112면) 분명하게 실정법 편에 서고 자연법을 오직 비판적-규범적 이념으로만 인정하는 종교개혁자의 정의론에 동조한다는 것을 시인한다(110면). 또한 상대주의적 법실증주의는 그러나 절대적으로 정당한 자연법이 아니라, 상대적으로 정당한 실정법만 법적 구속력을 가진다는 것 이상을 주장하지 않는다. 상대주의적 법실증주의가 또한 비판적-규범적인 자연법의 승인을 포기한다면, 왜냐하면 그러한 승인이 실정법을 정당화시킬 가능성을 포함하고 법학으로서의 상대주의적 법실증주의가 실정법의 정당성을 거부하기 때문에. 그러나 부르너의 정의론은 이러한 가능성을 충분히 사용한다. 왜냐하면 그 이론이 절대적으로 정당한 자연법의 내용으로 선포하는 것; 국가, 가족, 개인의 자유, 사유재산권은 원칙적으로 절대적 신의 정의와 일치하는 것으로서 합법으로 인정된 대체적으로 오늘날 유효하고 실정적인 비공산주의적 법질서의 근거이기 때문이다. 오직 공산주의만이 이 이론에 의해 절대적인 신의 정의와 모순된다. 그러나 불의의 괴물로서(9면), 전형적인 불의로서(181면)의 전체주의국가로 비난받는 공산주의국가는 또한 결국 다시 국가로서 그리고 이로써 "신의 재단"(86면)으로 인정된다; 왜냐하면 또한 "부당한 국가도 여전히 국가"(231면)이고 평화질서로서의 법질서에 어느 정도의 정의, 즉 상대적 정의가 인정되기 때문이다(234면). 그러나 그로써 전체주의적 공산주의국가는 법질서가 단지 상대적으로 정당한 것으로 인정되는 자본주의국가와 근본적으로 구별되지 않는다. -부르너가 자기 저서 의 서문에서 선언한 것처럼- 절대적 정의론이 그것의 목적이 모든 신학적 연구처럼 원래 학문적인 것이 아니라 실용적인 것이라고 처음부터 스스로 선언하지 않더라도 그렇게 명백한 모순으로 작업하는 절대적 정의이론은 상대주의적 법실증주의와 반대되는 입장에서 학문적으로 완전히 고려될 것을 요구할 수 없다(VII면).

22) Platon, Nomoi 662 b.

23) Vgl. meine Abhandlung: „Die platonische Gerechtigkeit". Kant-Studien 38 (1933), S. 91 ff.

24) Matth. V 38, 44.

25) Luk. XVIII 29, 30.

26) Luk. XIV 26.

27) Matth. V 45, 48.

28) I Kor. III 19.

29) 1 Kor. II 1 ff.

30) Phil. III 9.

31) Gal. V 6.

32) Rom. XIII 8 ff., 1 Kor. XIII 1 ff.

33) Eph. III 19.

34) „Zur Kritik des sozialdemokratischen Parteiprogramms. " Aus dem Nachlaß von Karl Marx. Neue Zeit, IX. Jahrg., I. Bd.

(1890 bis 1891), S. 561 ff.

35) Vgl. mein: Sozialismus und Staat, 2. Aufl. (1923), S. 90 ff.

36) Immamuel Kant, Grundlegung zur Metaphysik der Sitten, 2. Abschnitt.

37) Aristoteles, Nikomachische Ethik 1129 b.

38) Aristoteles, Ibidem 1107 a, 1106 a, 1905 b.

39) Aristoteles, Ibidem 1133 b.

40) Vgl. meine Abhandlung: „The Metamorphoses of the Idea of Justice", in: Interpretations of Modern Legal Philosophies. Essays in Honor of Roscoe Pound. New York, Oxford University Press, (1949), S. 399 ff.

41) Vgl. meine Abhandlung: „The Natural-Law Doctrine before the Tribunal of Science." The Western Political Quarterly vol. II (1949), S. 481 ff.

42) So wird neuerdings die Anschauung, daß Gerechtigkeit etwas Relatives sei, eine Anschauung, die notwendig mit dem Rechtspositivismus verbunden ist, und daher dieser Rechtspositivimus, der keine absolute Gerechtigkeit anerkennt, für den totalen Staat verantwortlich gemacht. Sehr bezeichnend in dieser Hinsicht ist die gegen den Relativismus gerichtete Schrift des protestantischen Theologen Emil Brunner: Gerechtigkeit. Eine Lehre von den Grundgesetzen der Gesellschaftsordnung. Zürich, 1943. Brunner behauptet (S. 8), der totale Staat sei "die notwendige Konsequenz" des "glaubenslosen, religions-und metaphysikfeindlichen

Positivismus". Diese Behauptung steht in offenem Widerspruch zu der unleugbaren Tatsache, daß der Idealstaat Platons, der der Typus eines totalen Staats ist, die Konsequenz seiner gegegn den Relativismus gerichteten, auf absolute Werte zielenden Ideenlehre ist, die in der Annahme der Existenz eines absolut Guten gipfelt, das die absolute Gerechtigkeit in sich schließt. (Vgl. meine oben zitierte Abhandlung „Die platonische Gerechtigkeit", S. 116, und: K. R. Popper, The Open Society, 1945, Vol. I., passim und S. 89f.) Wenn es einen Zusammenhang zwischen Wertphilosophi und Politik gibt, ist die Autokratie des totalen Staats, der politische Absolutismus, dem Glauben an absolute Werte und Demokratie mit der ihr wesentlichen Forderung der Toleranz dem Wertrelativismus zugeordnet. Diesen Zusammenhang habe ich in meiner Schrift: Vom Wesen und Wert der Demokratie, 2.Aufl., Tübingen, 1929, nachgewiesen.

Im übrigen ist Brunner nicht sehr konsequenz, da er sich gedrängt fühlt zuzugeben: „Die Kirche die sich heute über ihre Vergewaltigung durch den totalen Staat mit Recht beklagt, sollte nie vergessen, daß sie zuerst es war, die dem Staat das schlechte Beispiel der Gewissensvergewaltigung gab, indem sie mit staatlicher Macht das sicherstellen wollte, was nur freier Entscheidung entspringen kann. Die Kirche sollte sich zu ihrer Beschämung stets daran erinnern lassen, daß sie fast in allen Stücken die erste Lehrmeisterin des totalen Staats war"(S. 68/9). Das trifft wohl zu; aber darum, weil die Kirche eben nicht einen glaubenlosen, religions- und metaphysikfeindlichen Positivismus und Relativismus, sondern weil- oder trotzdem- sie gerade das Gegenteil, den Glauben an eine absolute Gerechtigkeit lehrt.

Die Schrift Brunners ist eher eine Rechtfertigung denn eine

Widerlegung des Relativismus. In seiner „auf Grund des christlichen Glaubens"(S. VII) entwickelten Gerechtigkeitslehre geht er von der These aus: entweder gibt es eine absolute, göttliche Gerechtigkeit oder es gibt überhaupt keine Gerechtigkeit. „Entweder gibt es ein Gültiges, eine Gerechtigkeit, die über uns allen steht, eine Forderung, die an uns ergeht und nicht von uns ausgeht, eine für jeden Staat, jedes Recht gültige normative Regel der Gerechtigkeit- oder es gibt keine Gerechtigkeit, sondern bloß so oder so organisierte Macht, die sich Recht nennt"(S. 8). Das göttliche Gesetz der absoluten Gerechtigkeit glaubt er in einer göttlichen Schöpfungsordnung zu finden, die er als christliches- im Gegensatz zum rationalistischen- Naturrecht darstellt(S. 100ff.). Nachdem er aber den Glauben an eine absolute, göttliche Gerechtigkeit, die Anerkennung des christlichen Naturrechts-als einer vom positiven Recht verschiedenen, zu ihm möglicherweise im Gegensatz stehenden Ordnung- für unumgänglich erklärt hat, um der Zersetzung der Gerechtigkeitsidee durch den relativistischen Positivismus Einhalt zu tun, gibt er zu- und das ist das Ergebnis seiner Lehre von der absoluten Gerechtigkeit des christlichen Naturrechts- daß alles positive Recht nur relativ gerecht sein könne(S. 9). Das bedeutet, daß er neben einen absoluten eine relative Gerechtigkeit anerkennt, was jedoch ein Widerspruch in sich selbst ist. Denn eine Ordnung, die der absoluten Gerechtigkeit nicht entspricht, ist ungerecht, und kann daher nicht, auch nicht relativ, gerecht sein. Neben der absoluten kann es eben so wenig einen relative, wie neben der relativen eine absolute Gerechtigkeit geben. Das bestätigt im Grunde Brunner selbst, wenn er zugeben muß, man dürfe mit dem Naturrecht nicht den Gedanken verknüpfen, „daß man einem staatlichen Gesetz nicht zu gehorchen habe, das mit dem Naturrecht in Widerspruch steht, das also ungerecht ist" (S. 110). Kein staatliches Recht könne die Konkurrenz eines zweiten Rechtssystem dulden. „Die nun einmal geltenden Rechtssätze des Staats müssen das Monopol der Rechtsverbindlichkeit besitzen, das Naturrecht darf keine Rechtsverbindlichkeit für sich in Anspruch nehmen, soll nicht die Rechssicherheit eines Staats ins Wanken kommen" (S. 110). Ein Naturrecht, das keine Rechtsverbindlichkeit hat, kann nicht „das Gültige" sein, als das Brunner Seite 8 die absolute Gerechtigkeit bezeichnet. Ein unverbindliches Naturrecht ist überhaupt keine normative Ordnung, da die Existenz einer solchen Ordnung nur in ihrer Verbindlichkeit besteht. Mit dieser erstaunlicher Wendung zum relativistischen Rechtspositivismus bekennt Brunner, der Gerechtigkeitslehrer der Reformatoren zu folgen, die „in ihrem tiefen Respeckt vor der Autorität des Staats und des positiven Rechts" (S. 112) „sich ganz eindeutig auf die Seite des positiven Rechts" stellen und „das Naturrecht nur als kritisch-normative Idee gelten" ließen (S. 110).

Mehr als daß nur das relativ gerechte positive Recht, nicht aber ein absolut gerechtes Naturrecht Rechtsverbindlichkeit habe, behauptet auch der relativistische Rechtspositivismus nicht. Wenn dieser auf Annahhme eines Naturrechts auch als kritisch-normative Idee verzichtet, so darum, weil eine solche Annahme die Möglichkeit in sich birgt, das positive Recht zu rechtfertigen, und der relativistische Rechtspositivismus als Wissenschaft vom Recht dessen Rechtfertigung ablehnt.

Von dieser Möglichkeit macht aber die Brunnersche Gerechtigkeitslehre rechtlichen Gebrauch. Denn was sie als Inhalt des absolut gerechten Naturrechts proklamiert: Staat,

Familie, individuelle Freiheit, Privatseigentum, sind im wesentlichen die Grundlagen der heute geltenden, positiven nicht -kommunistischen Rechtsordnungen, die damit im Prinzip als mit der absolut göttlichen Gerechtigkeit in Einklang legitimeirt werden. Nur Kommunismus ist nach dieser Lehre in Widerspuch zu der absoluten Gerechtigkeit Gottes. Aber auch der kommunistische Staat, der erst als totaler Staat als ein „Ungeheuer der Ungerechtigkeit" (S. 9), als „Ungerechtigkeit per excellence" (S. 181 verdammt wird, wird schließlich doch wieder als Staat, und damit als eine „göttliche Stiftung" (S. 86) anerkannt; denn auch der ungerechte Staat ist noch immer Staat(S. 231) und seiner Rechtsordnung als einer Friedensordnung wird ein gewisser Grad von Gerechtigkeit, d. h. eine relative Gerechtigkeit zuerkannt (S. 234). Damit aber unterscheidet sich der totale kommunistische Staat nicht wesentlich von den kapitalistischen Staaten, deren Rechtsordnungen auch nur als relativ gerecht anerkannt werden.

Eine Lehre von der absoluten Gerechtigkeit, die mit so handgreiflichen Widersprüchen arbeitet, kann keinen Anspruch erheben, in ihrer Opposition gegen den relativistischen Rechtspositivismus wissenschaftlich überhaupt in Betracht zu kommen, selbst wenn sie nicht selbst-wie Brunner in der Vorrede zu seiner Schrift- schon von vornherein erklären würde, daß ihr Zweck „nicht primär ein wissenschaftlicher, sondern ein praktischer" sei, „wie der aller theologischen Arbeit es sein sollte" (S. VII).

김선복

저자약력
· 스위스 Zürich 대학교 법과대학 법학박사
· 동 대학교 졸업(학·석사 통합)
· 명지대학교 법과대학 법학과 졸업
· 현재 부경대학교 인문사회과학대학 법학과 교수

저서
· 생활과 법률(공저)
· 형사소송법 제312조 제1항과 제2항의 위헌성

논문
· 사기죄에 있어서 처분의사의 필요성외 32편

正義란 무엇인가
2010년 2월 05일 인쇄
2010년 2월 15일 발행
지은이 한스 켈젠, 역자 김선복
펴낸이 이 동 원
편집인 유영희 외
출판등록 2003.10.1(제307-2003-000091호)
펴낸곳 책과사람들(구 법서출판사)
주소 서울시 성북구 보문7가 100번지 화진빌딩
전화 926-0290~2
팩스 926-0292
ISBN 978-89-9151-681-6 93360
홈페이지 www.booksarang.co.kr
       www.booknpeople.com
            정가 10,000원